神時間力

時間を使いこなせば人生は思い通り

GOD TIME

LIFE IS WHAT YOU WANT IT TO BE
IF YOU USE YOUR TIME WELL.

星渉
WATARU HOSHI

飛鳥新社

プロローグ

誰も知らない「本当の時間の使い方」

黒野　「なぜ、人間はいつまで経っても、時間の使い方がうまくならないのでしょうかねぇ」

謎の影　「お前が『人間の時間の使い方が下手すぎるから、わたしが教えてあげましょう！』と言って、もう1万年経つだろ。どれだけ人間に時間の使い方を教えてるんだよ。ちゃんと、お前は教えてるのか？　お前は時間の神だろう？」

黒野　「心外ですねえ。わたしはちゃんと教えてますよ。だから、これだけ人間たちが発展したんじゃないですか」

謎の影　「だったらなんで、そんなに嘆いているんだ?」

黒野　「現代人ですよ」

謎の影　「現代人?」

黒野　「そうです。この方たちは**歴史的に見ても、時間の使い方が下手**なんです。そして本当の時間の使い方を学んでいない。**自分たちの生活を便利にしすぎて、逆に時間に追われてますから**ね。ほら、見てください。時間がないと言いつつ、スマホを見る時間はあるようで、本当に本末転倒ですよ。気の毒ですね」

謎の影　「それは笑えるな。

　俺たちはずっと人間界を見ているが、たしかに5000年ほど前の人間のほうが、時間に苦しまずに生きていたかもしれないな」

黒野　「ほんとですね。だから、現代人に時間の使い方を教えるために、今回はこのわたしが人間界の大学教授になってみたんですけど、これまた絶望的でしてね」

時間の神・黒野は1冊の黒いノートを出して、ページをめくりはじめた。

そして、あるページでめくるのを止めた。何かが目にとまったようだ。

黒野「困りましたねぇ。

現代人のみなさんは、『人生の時間とは自分の命の残り時間』だという、そもそもの本質がわかっていないようです。タイムマネジメントだ、時間術だ、タスク管理だ、効率化だと言ってますが、見当違いもいいところです。本当の時間の使い方がなんたるかを勘違いしていますね」

黒野は、手元にあった人間界のタイムマネジメントや時間術に関する本を、すべて目の前で燃やして消した。

黒野「時間効率を追求するのがうまい時間の使い方だと思ってるんですよね。そんなことがうまい時間の使い方なら、**現代人は命の時間をただ大量のタスクをこなすために使っている**ことになってしまいますよ……。それでいいんですかねぇ」

謎の影「現代人に嘆いているように見えるが、お前の本心はそうではないように俺には見えるけどな」

黒野「まぁ、そうですね。現代人のみなさんが持っている可能性は、この程度じゃないんですよ。本当の時間の使い方を知らないだけなんです。時間の神であるわたしが教える**『本当の時間の使い方』を知ってしまえば、人生が劇的に変わる**のですが」

謎の影「やっぱり嘆きながらも楽しんでいるようだな。
まぁ、せいぜい気が済むまでやるんだな。ほら、また誰か現代人が泣きつきに来たんじゃないのか？」

そう言って、謎の影は、ふと消えた。

黒野「まったく、あの人はおもしろがってますね……」

黒野はニヤリと笑った。

黒野「でも、いいでしょう。人生を劇的に変える**『本当の時間の使い方』は、明**

確に完成されていますからね。どんな人間でも、**これを知ったら時間を使いこなすことができて、人生は思い通り**ですよ。さて、それでは次はこの人間ですね」

黒野は、先ほど手を止めたページを見返し、そこに何かを書き込んだ。

黒野「それでは、時間の神の名にかけて、現代人に、人生を変える本当の時間の使い方を教えてさしあげましょうではありませんか」

この物語は、時間の神が厳しく、時には優しく、ユーモアを持って、時間の使い方を現代人に叩《たた》き込み、人生を大激変させる物語である。

なお、本文中に出てくる内容にはすべて科学的根拠がある。

[目次]

本文イラスト／ふうき
編集協力／大西華子
校正／矢島規男
ＤＴＰ／三協美術

0

時間の神が教える「神時間力」

春香「先生、もうダメです。社会人って時間がなさすぎます！　助けてください〜」

廊下をバタバタと走る音が次第に大きくなり、音が止んだ。と同時に、勢いよくドアが開いた。現れたのはセミロングのヘアスタイルにパンツスーツを着た女性・青井春香である。

黒野「毎年恒例のやつですね、青井さん。はい、1ポイント。今年もチェックインポイント獲得おめでとうございます。おや、今年はサクラの花びら付きですね。花びらが頭についていますよ」

春香を出迎えたのは、黒野優。東都大学の教授である。エレガントなグレーのスーツを着こなし、ヘアはきちんとセットされて、顔は精悍《せいかん》で知的な印象を与える。お洒落な英国紳士の雰囲気すらある。彼が時間の神であることは誰も知らない。

春香「あっ、ほんとだ。気づかなかった」

春香はピンクの花びらを頭から落とした。
春香「でね、先生。聞いてくださいよ。もう疲れちゃいました」
黒野「……青井さん、1年前も同じこと言ってたじゃありませんか」
春香「今度は本気で無理です。もう限界です」
春香は倒れ込むように、椅子に座った。
彼女は黒野の研究室の卒業生である。8年前に大学を卒業して大手メーカーに就職し、営業部に配属されたのだが、1年に1回は仕事の忙しさに耐えきれなくなり、学生時代から慕っていた黒野に助けを求めに来るのである。
黒野「毎年のことながら、青井さんも大変ですね。それで、今年は何がきっかけでここに来たんですか？」
春香「課長が『君も、もう入社8年目になるんだから、後輩の教育を担当できるだろう』って言うんです～」
黒野「いいことじゃないですか。青井さんが仕事ができると認められているってことではありませんか？」

春香「そうなんですけど……それだけじゃないんです。しれっと担当先まで増やされたんですよ。それも、『仕方がないだろ。ほかの人ができないんだから』のひと言で。どんなに一生懸命仕事をしても忙しくなるばかりで、イヤになっちゃいますよ。プライベートを犠牲にしてまでがんばってるのに。ほかにやりたいこともあるのにそんな時間も気力もなくて」

黒野「なるほど。それはちょっとつらいですねぇ」

黒野は春香の気持ちに寄り添っているように見せながら、（毎年恒例だな）という表情を浮かべた。

黒野「やればやるほど忙しくなる……ですか。がんばってもラクにならない。何のために生きているのかわからない。そういうことですか？」

春香「そこまでは言ってませんよ。ただ、このままでいいのかなとは思っちゃいますよね。**何のためにがんばってるんだろう**って」

春香は例年とは少し違った表情を見せた。

黒野は（時が熟したかな）と感じ、切り出した。

黒野「それでは青井さん。**その時間がなさすぎる状態から、抜け出したい**ですか？」

春香「もちろんですよ。それに耐えきれなくて、こうして先生のことを頼って来てるんですから。先生は時間効率の神だって聞きましたけど！」

黒野「時間効率とは少し違いますねぇ。どちらかと言うと、**『時間の使い方』の神**です」

どうやら黒野はこの部分は譲れないようだ。

黒野「当然、忙しくて時間が足りない状態から抜け出す方法は知っています」

春香「えっ、あるんですか⁉　先生、そんなこと教えてくれたことないじゃないですか」

黒野「それは青井さんがそこまで切羽詰《せっぱつ》まった感じではなかったからですよ。せっかく教えても実行されないのであれば、それこそ時間のムダになってしまいますから」

春香「たしかに今のわたしは切羽詰まってますね」

黒野「そうです。だからお聞きしたんですよ。**やればやるほど忙しくなって全然ラクにならない。やらないといけないことが多すぎて、時間が足りない。そんな状態から抜け出す方法を知りたいですか？**と」

春香「もちろんですよ。あるなら教えてください！」

黒野「よろしい。でもタダとはいかないですよ」

春香「えっ！　先生、教え子からお金を取るんですか？」

黒野「そういう意味ではありませんよ。お金なんていりません。ただ、ちゃんと教えたことを実行すると約束するなら、教えてあげようと言っているのです」

黒野は立ち上がると、宣誓するように右手を軽くあげた。

黒野「わたしがこれから言うことを繰り返してください。『わたしは神時間力《かみじかんりょく》の教えを忠実に実行することを誓います』」

春香「神時間力……って何ですか？　なんか怪しい気もするんですが、本当に時間の使い方がうまくなるんですか？」

黒野「口が過ぎますよ。当然です」

春香「たしかに先生っていつも暇そうなのに、仕事もプライベートも充実してますもんね。この研究室出身の著名人も、たくさんいますし。その点ではたしかに神様かも」

黒野「暇そうって本当に失礼ですね。出禁にしますよ！」

春香「それは困ります。大変失礼しました」

春香は立ち上がると、黒野と同じように右手をあげた。

春香「わたし、青井春香は、神時間力の教えを忠実に実行することを誓います……と」

黒野は満足そうにうなずくと、あげていた右手で春香とグータッチしようとした。

春香　「え、何の儀式ですか？」

春香は笑いながら、ひょいとよけた。

黒野　「ちょっと、青井さん！」

春香　「では、ご指導ご鞭撻《べんたつ》お願いいたします」

何事もなかったかのように、春香は椅子に座った。

黒野　「仕方ないですね。これから神時間力とは何なのかを1つずつ教えてさしあげますから、覚悟してください」

こうして、黒野と春香のトレーニングがはじまったのである。

本書の掟《おきて》

時間の神の教えを「自分ならどう実行するだろうか？」と心の中で呟《つぶや》きながら読んでみてください。

ただし、書いてあることを全部やる必要はありません。

「これなら実行できるかも」と思ったものが1つでも出てきたら、そこで本を閉じて実行してみてください。

それだけで、あなたの時間の使い方は、驚くほど変わります。

大切なのは、本書を最後まで読むことではなく、あなたの時間の使い方が劇的に変わることです。

そしてそれは、たった1つの時間の神の教えで、あっさりと実現してしまいますから。

1 人生とは時間の投資である

春香「で、先生。わたしは何をすればいいんでしょうか?」

春香はこれで黒野が忙しさから解放してくれるとすっかり思い込んで、ご機嫌である。

黒野「先に言っておきますが、青井さんを救うのは、わたしではなく青井さん自身ですよ。自分で実行しないと、何も変わらないですからね」

春香「はいはい、わかりました。それでわたしは何をすればいいのでしょうか?」

黒野は本当にわかっているのかといった表情で、ホワイトボードを春香の前に持ってきた。

黒野「それではさっそく、1つ目の質問です。クエスチョン・ターイム!」

黒野は妙なテンションでそう告げると、ホワイトボードに、大きく「A」と「B」、2つのアルファベットを書いた。

黒野 「単純な質問です。手元に投資できるお金が10万円あったとします。

・1年後に20万円になって返ってくる投資先A

・1年後に何も変わらず10万円のまま返ってくる投資先B

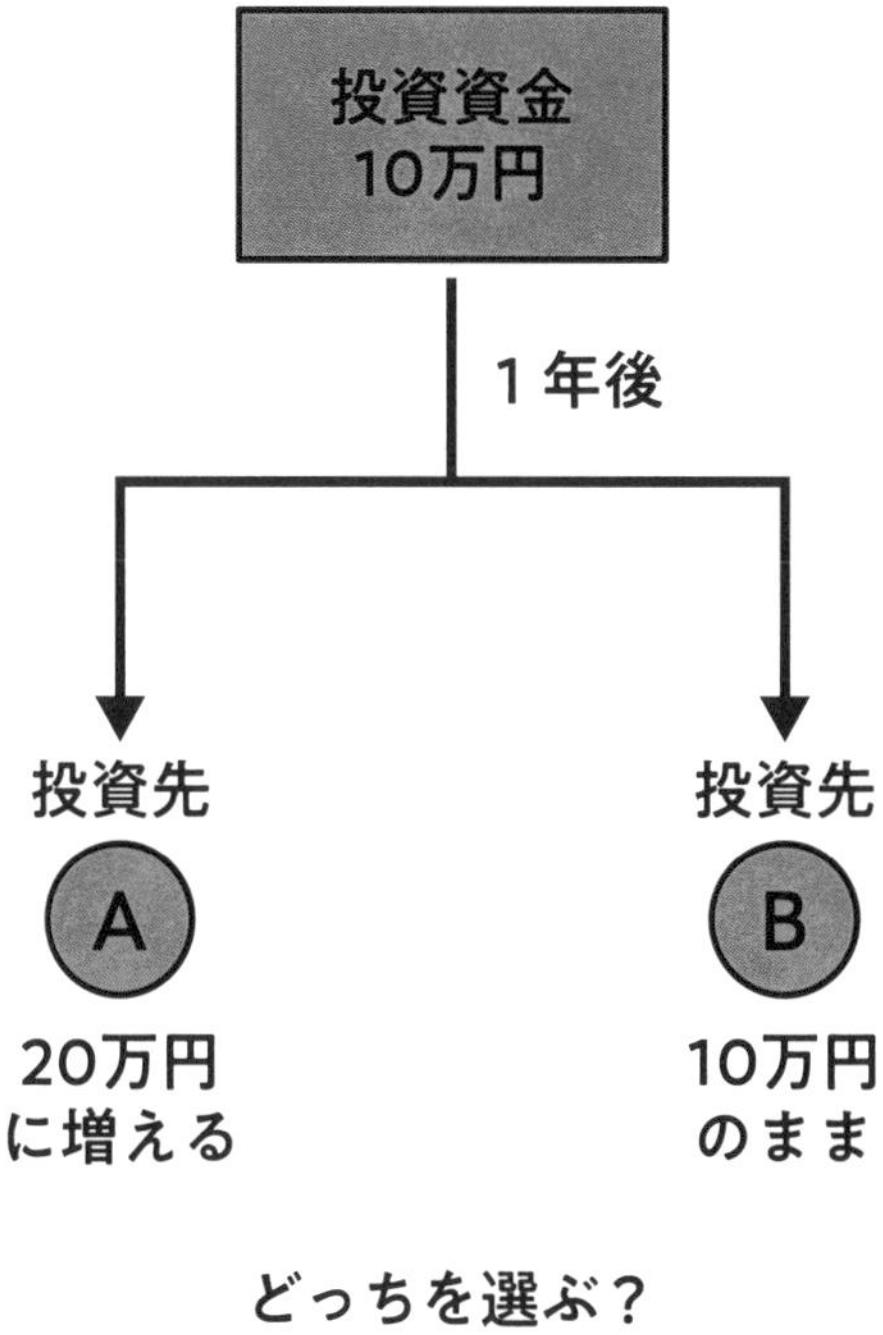

青井さんなら、どちらに10万円を投資しますか？」

春香「これ、何かのひっかけ問題ですか？　どう見てもAでしょう」

黒野「そうですよね。では、なぜAなんでしょうか？」

春香「Aは投資したお金が増えて返ってくるから。Bは1円も増えないので、投資する意味がないからです。簡単すぎません？」

黒野「簡単だと言いましたね。今の言葉、忘れないでくださいよ」

春香「先生、わたしのことバカにしてますか？　こんなの誰に聞いてもAって答えますよ」

黒野「では、この場合はどうでしょうか？」

黒野は今度は、ホワイトボードに24という数字を書いた。

黒野「では、青井さんの**24時間という『時間の投資』はどうなっているでしょうか？**」

春香「先生、そもそも『時間の投資』って何ですか？」

黒野「わたしたちには毎日24時間という時間が与えられていますよね。その24時間を青井さんは何に使っているのか？　つまりは『何に投資しているのか？』ということです。さらに言うなら、時間を投資するからには青井さんも何らかの結果を得たいですよね？　さっきのAの選択肢のように」
春香「なるほど。**『時間を投資資金と同じように考える』**ということですね。『投資』と言われるとなんか難しいですけど、**時間をどこに使っているか**、そして**そこから何を得られるのか**って意味ならわかります！」
黒野「その通りです」
春香「わたしの場合、一番時間を使っているのはやっぱり『仕事』なんですけど、時間を使うことが投資だとは今まで考えもしませんでした。ただ、毎日やらないといけないことをやるので精一杯で……」
黒野「それでいいんですよ。今日から考え方を変えていけばいいだけの話ですからね」
春香「でも、たしかに**『24時間という限られた時間を何かに投資している』と考えるだけで、ちょっと感覚が変わる**かもしれません」
黒野「それはいいことですね。その感覚が変わるというのは、どんなところが変化した感じですか？」
春香「なんか、10万円を投資先AとBどちらに投資するかと同じで、ムダなことに時間を投資したくないし、投資するからには何かを得たいなって感覚です」

黒野「上出来です。青井さん、初日はこれで完璧です！」

春香「えっ、これだけでいいんですか？」

黒野「そうです。まずは、**わたしたちは24時間という投資資金を毎日もらっていて、それを何かに投資して生きている。**この感覚を持って生活してみるだけでOKです。そして、その感覚で毎日過ごしてみてどう感じたか？　これを来週、教えてください」

春香「わかりました！　今日教わったことは簡単そうなので、さっそくやってみまーす！」

黒野「では来週、お待ちしていますね」

時間の神の教え

・わたしたちは、毎日24時間を何かに投資をしている。

2 「頭のいい人」の時間の使い方

春香　「失礼しまーす！」

翌週、春香が黒野の研究室にやってきた。

黒野　「青井さん、ノックくらいしなさいと習いませんでしたか？」

春香　「何を言っているんですか。わたし、今まで一度もノックなんかしてここに入ったことないじゃないですか」

黒野は紅茶をティーポットからティーカップに注ぎながら、あきれたように春香の開き直りを聞いていた。

黒野　「それで、どうでしたか？　この1週間。感想を聞かせてください」

黒野は春香をいつもの椅子に座るように促《うなが》し、香ばしいダージリンティーを振る舞った。

春香　「それが、**『時間を使うことは投資』と考えると、意味のないことに時間を使うのがもっ**

たいないと感じるようになりました」

黒野「いいですねぇ。その『意味のない投資』だと思ったのはどんなことですか？」

春香「そうですね。ムダに長い会議とか、先輩の自慢話を聞かされる終わりのない時間。仕事を終えて帰宅してから、ついダラダラとスマホをいじってしまう時間とかですかね」

黒野「かなり意識が変わっているじゃないですか。いいですね」

春香「ただですね、先生」

春香は深刻そうに話すそぶりを見せた。

春香「意味のないことへの時間投資はやめるぞ！　と思ったんですけど、ここで問題が発生しまして」

黒野「何ですか、問題って？」

春香「それは、**わたしは何に時間を投資すればいいのかがわからない**、という問題です」

春香はなぜか堂々としていて、まるで何かを発見した研究者のようだった。

黒野「なぜ、そんなに明るく言えるのですか。逆に尊敬してしまいますね」

春香「だって本当にわからなくて。自分でも、何に時間を投資したらいいのかわからなかったらどうしようもないじゃん！　ってあきれちゃったんです」

春香は笑いながら陽気に、自分のダメさ加減をひけらかした。

黒野「本当に青井さんはいい性格をしていますね。そうしたら、今日はその話をしてさしあげましょうか。でも、『意味のないことに時間投資はしたくない』という感覚はすばらしいですよ」

黒野は、褒《ほ》め上手でもある。

春香「やったー！　やっぱりそうですよね！　では先生、よろしくお願いいたします」

黒野「よろしい。では、はじめましょう」

黒野も楽しそうだ。

黒野「それではさっそく質問です。クエスチョン・ターイム！」

春香「先生、この前も思ったんですけど、それは何ですか？」

黒野「これは儀式です」

黒野は、どうしてもこれをやりたいようであった。

黒野「青井さんがお父さんに誕生日プレゼントを買うとしましょう。お父さんはゴルフウェアを欲しがっています。そして青井さんも、お父さんが欲しがっているものをプレゼントして、お父さんに喜んでもらいたいと思っています。

さて、青井さんは自分のお金を、どんなプレゼントを買うことに投資しますか？」

春香「はい！　ゴルフウェアを買うことにお金を使います！　つまりは、投資をします！」

黒野「正解！」

春香「やったー！　って、この問題も簡単すぎませんか？」

黒野「安心してください、大丈夫ですよ。これですべて解決しますから」

春香「え〜、本当ですか？」

黒野「次の質問に答えればわかりますよ。ではなぜ、青井さんはゴルフウェアを買うことにお金を投資するのですか？」

春香「先生、さっきの『クエスチョン・ターイム』ってやつ、やらなくていいんですか？」

黒野「あっ、クエスチョン・ターイム！　では、質問の答えをどうぞ」

春香は黒野のノリに少し引き笑いをしながら、問いに答えた。

春香「なぜ、ゴルフウェアにするかは、父が欲しいって言っているからです。それをプレゼントしたら喜んでくれるからですよ」

黒野「その通りです！　そして、それがすべてなのです」

黒野は満足そうに、ホワイトボードに図を書いた。

黒野　**「何に投資するかは、すべて『得たい結果』からの逆算**なんです。

青井さんの得たい結果は、『お父さんに喜んでもらうこと』。お父さんが最も喜ぶプレゼントは、ゴルフウェア。だから、貴重なお金をゴルフウェアに投資する。つまりは、**得たい結果が**

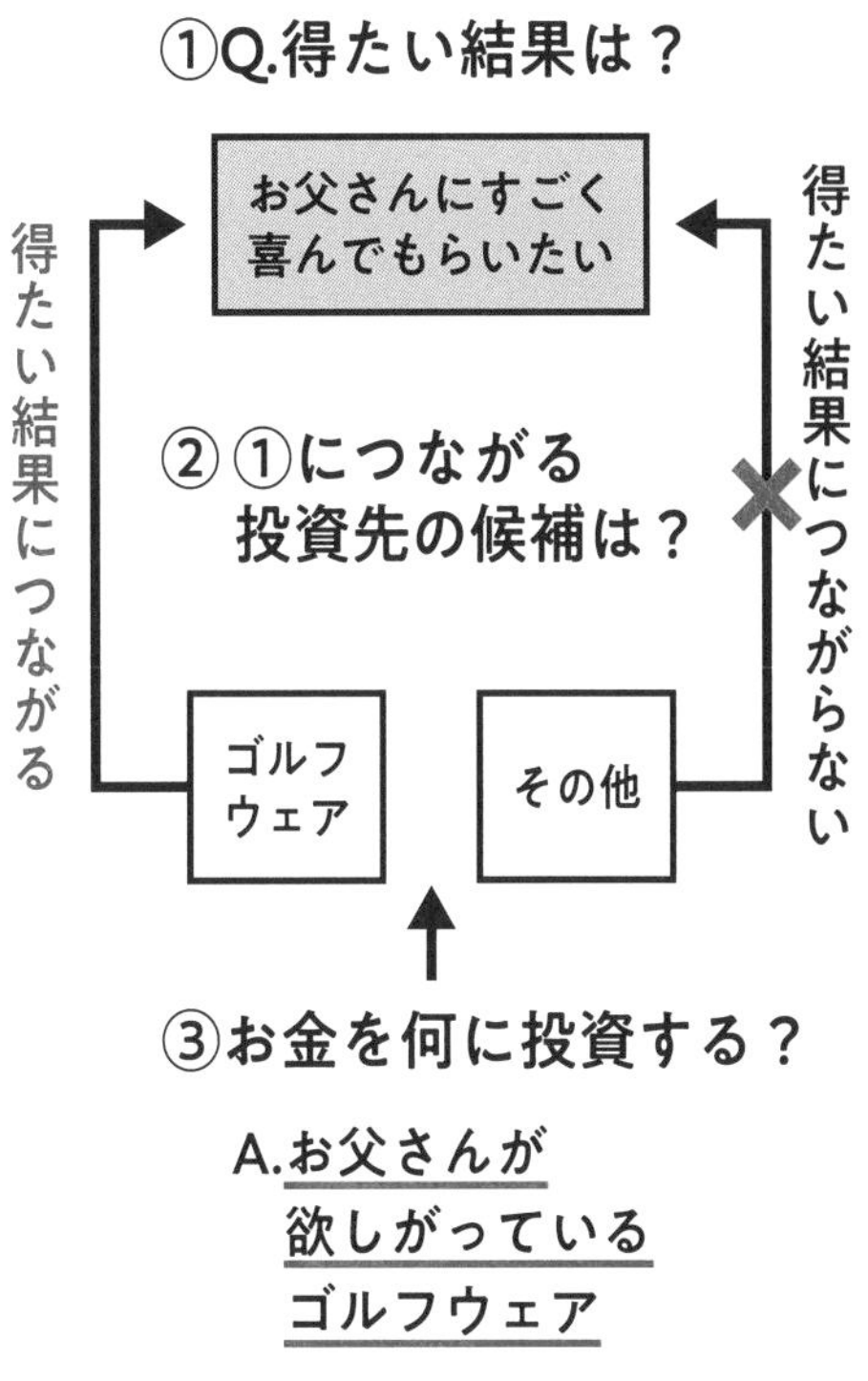

明確であれば、そこから逆算して、『何に投資すればいいか？』ということがわかるわけです。時間投資もこのお金の使い方と同じで、得たい結果を決めれば、『何に時間投資すればいいか？』は解決します」

黒野は、さらに図を指し示す。

黒野「英語を話せるようになりたいなら、英語の勉強に時間を投資する。仕事の能力を向上させたいなら、学びのために時間を投資する。子どもとの時間を大切にしたいなら、子どもとの時間に投資をする。とてもシンプルな話ではないでしょうか？」

黒野は人差し指を立てて、春香に問いかけた。

春香「たしかにそうですね」

黒野「それでは、これを踏まえて聞きます。青井さんが、『意味のないことに時間は投資しない。でも、何に投資していいのかわからない』となってしまったのは、なぜだと思いますか？」

春香「それは、得たい結果が決まっていなかったせいで、わたしは何に時間を投資していいのかわからなかったからですよね」

黒野「そうです。だから今、青井さんがやらないといけないのは、自分の時間を投資して得

たい結果は何なのかを決める。これだけです」

春香「それはそうなんですけど……。ただですね、先生」

春香は先ほどと同じように、深刻ぶって大げさに話し出した。

春香「どんな結果を得たいのかを考えようと言われても、そもそも考える時間が取れないと思うんです。忙しくて……」

春香は少し申し訳なさそうである。

黒野「なるほど。青井さんは忙しいですから、時間は取れないですよね。わかりました。そうしたら、考えなくていいです。その代わり、今日の課題はこれにしましょう」

黒野は自分のスマートフォンを、机の一番下の引き出しから取り出した。

黒野「今日の課題は、『来週ここに来る時間を決める』。これだけです」

春香「えっ！　また、そんなに簡単なことでいいんですか？」

黒野「ええ、それだけで大丈夫です。そのかわり1時間は確保してくださいね」

春香「わかりました。でも、先生のご都合もありますよね？」

春香も自分のスマホのスケジューラーを開いた。

黒野「わたしのスケジュールは気にしなくてかまいません。青井さんの都合のいい日時をまずは言ってみてください」
春香「そうしたら……木曜日の18時半はどうですか？」
黒野「承知しました。そこにしましょう！　わたしも都合がいいので」
春香「本当ですか？　なんか先生、無理してませんか？　いや、何かたくらんでませんか？」
黒野「そんなことはないですよ。それでは木曜日の18時半にここでまたお会いしましょう」
春香「わかりました。よろしくお願いします」
春香はこれでいいのかという表情で、黒野の研究室をあとにした。

時間の神の教え

・人生から得たい結果を決めろ。
そうすれば、時間の使い方が明確になる。

3 「忙しくて、できない」という幻想

翌週の木曜日、18時半。

春香「先生、失礼しまーす！」

いつも通りノックもせずに春香が研究室に入ると、クラッカーが鳴った。

黒野「青井さん、おめでとうございます！」

なぜか、お祝いムードの黒野がそこにはいた。

春香「何ですか、そのクラッカー？　わたし、誕生日でも何でもないですよ？」

黒野「もちろんわかってます。でも、今日という日を忘れないように、派手にお祝いをしましょう。**人間の脳は感情がともなった出来事は記憶に残りやすい**傾向がありますからね」

黒野はクラッカーをもう1発鳴らして、春香の首にハワイの花の首飾り、レイをかけた。

春香「何のお祝いなんですか？」

クラッカーの色とりどりのテープをまとったまま、春香はいつもの椅子に座った。

黒野「青井さんの**時間貯金記念日**です」

春香「わたしの時間貯金記念日？」

黒野「そうです。で、青井さんはなぜ今日ここに来たのですか？」

春香「そりゃあ、先生と会う約束をしていたからじゃないですか」

黒野「ええ。では、その約束はいつしましたか？」

春香「先週です」

黒野「そうですね。先週、今日ここに来る時間を青井さんは前もって確保した。そして実際に来ました。今日、時間貯金を使うことができたから、青井さんの時間貯金記念日ということです」

黒野は内ポケットに隠していた、もう1つのクラッカーを取り出し、3度目のクラッカーを鳴らした。

春香「まだピンと来ないんですけど……」

黒野「なんと！　ここまで説明しているのにピンと来ないとは。さすが現代人ですねぇ。驚きです」

仕方ないなといった面持ちで、黒野はホワイトボードに何かを書きはじめた。

黒野「結論から先に言いますと、**時間もお金と同じで、大切な何かに使うなら、先に確保しないとダメだ**、というお話です。こう考えるとわかると思います。

お給料から毎月5万円貯金するなら、次の、

①お給料日に、すぐ5万円を別口座に貯金する方法
②1ヶ月やりくりして残ったお金を貯金する方法

どちらのほうが、確実にお金を確保できると思いますか？」

春香「それは、①のお金を使う前に先に別口座に貯金する方法ですね」

黒野「その通り。時間も同じというのはそういうことです。何かに時間を使いたい、投資したいと思った時に、忙しいから時間がないとか、できないではなく、本当に必要なことなら先週の青井さんのように先に確保しなさい、ということです」

黒野はホワイトボードを指さした。

黒野　「つまり、先週の青井さんはこの図のように、今週がはじまる前に必要な時間を確保した。言うならば貯金したわけですね。ですから、今日こうして、その貯金をわたしと会うことに投資できているわけです」

春香「なるほど！　だから時間貯金なんですね」

春香はようやく理解したようだった。

黒野「そうです。だから、**『忙しくて時間がない』は単純に時間を先に確保していない**ということなのです。

もし、今日を青井さんが『時間を投資して何を得たいのかを考える時間』として事前に確保していたら、得たい結果を考えられたのではないですか？」

春香「たしかにそうですけど……。でも先生。時間を確保したくても、本当に時間が取れない時ってあると思うんですけど……」

春香は完全には納得していないようである。

黒野「そういう時は、シンプルに『それが今の自分にとって、時間を事前に確保するほどは重要ではない』ということです。

なぜなら、もしも、『来週の木曜日の同じ時間に研究室に来たら10億円さしあげます』と言ったら、どんな予定よりもこの研究室に来ることを優先させますよね」

春香「たしかに！　10億円もらえるのなら、どんな誘いも断って、何よりも優先して、這《は》ってでも来ますね」

春香は笑いながら言った。
黒野「まったく現金ですねぇ」
黒野も楽しそうに笑うと、また真面目な顔に戻った。
黒野「これは時間の使い方において大事な『優先順位のつけ方』ですから、時が来たら詳しくお教えしますよ。

今日の一番のポイントは、**『時間もお金と同じように事前に確保しなさい＝時間貯金をしなさい』**ということです」
黒野はティーカップに口をつけた。そして紅茶をひと飲みすると、何かを思い出したように口を開いた。
黒野「ちなみに、よく多くの人間が**『○月○日までにやろう』と締め切りを決めますが、あれはダメ**ですよ」
春香「え、ダメなんですか？　だって締め切りがないと、いつまでも延ばし延ばしになっちゃいませんか？」
黒野「もちろん効果がないわけではありませんよ。心理学でも『締め切り効果』と言って、効果があるとわかっていますからね。

ただもっといい方法がある、ということです。

そして実は、青井さんは、もうそれを実践してるんですよ」

春香「もしかして……。

わたしが先週、時間貯金をして、それを今日使えたことですか？」

黒野「それです！」

黒野はぴしゃんと手を叩《たた》いた。

黒野「**時間を確保するうえで大事なのは、『いつまでにやる』という締め切りを決めるだけではなく、『いつやるか』を決めること**なのです。

そうすると、自動的に時間貯金もできて、今日のように気づいたら実行できている、となるわけです」

黒野は人差し指を立てて、ドヤ顔で春香のほうを見ると、図を描きはじめた。

黒野「たとえば『来週中に会議の資料を作る』と決めた場合と、『来週水曜日の14時から16時に会議の資料を作る』と決めた場合、どちらのほうが確実に実行できますか？」

・締め切りだけの場合

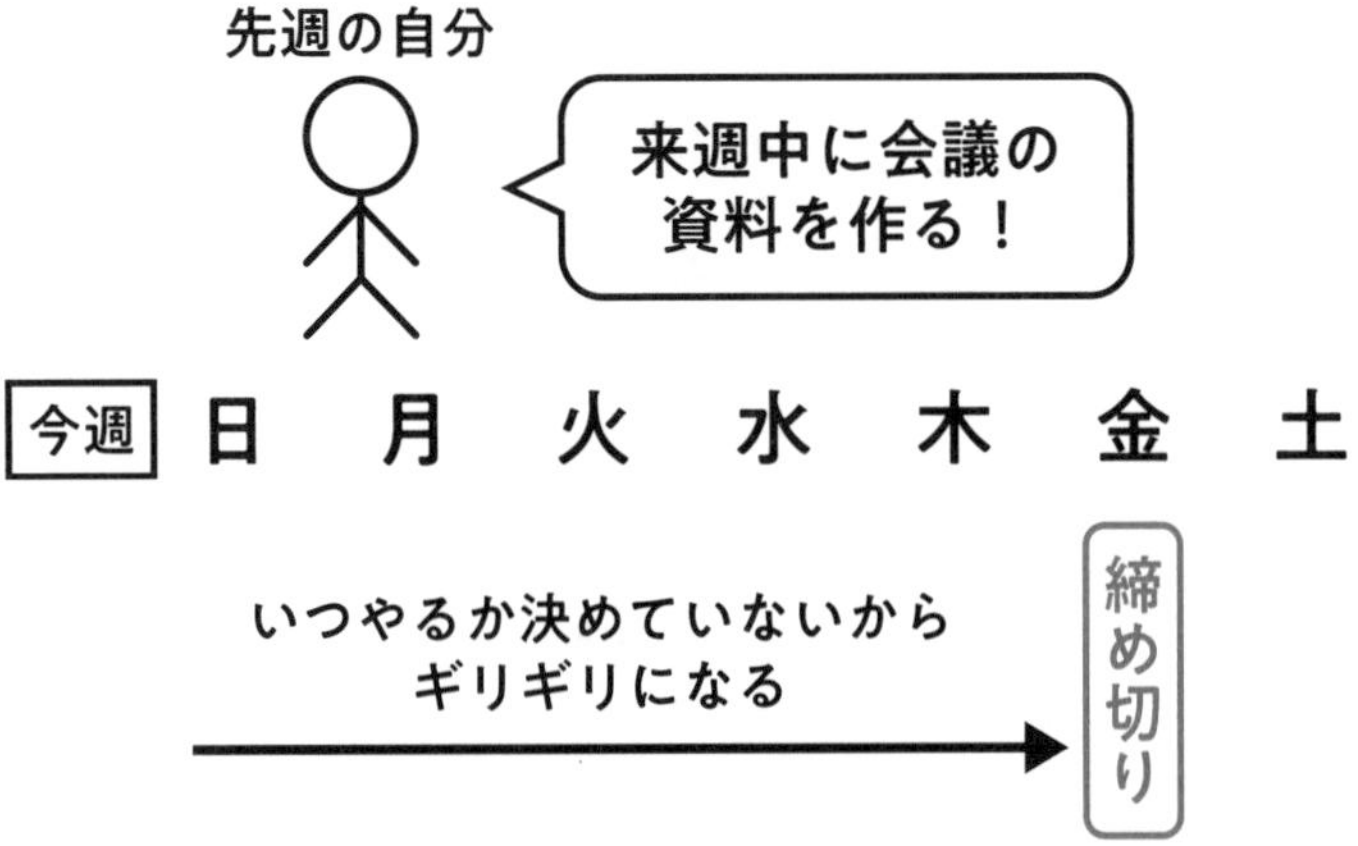

・締め切り＋いつやるか（時間貯金を設定）の場合

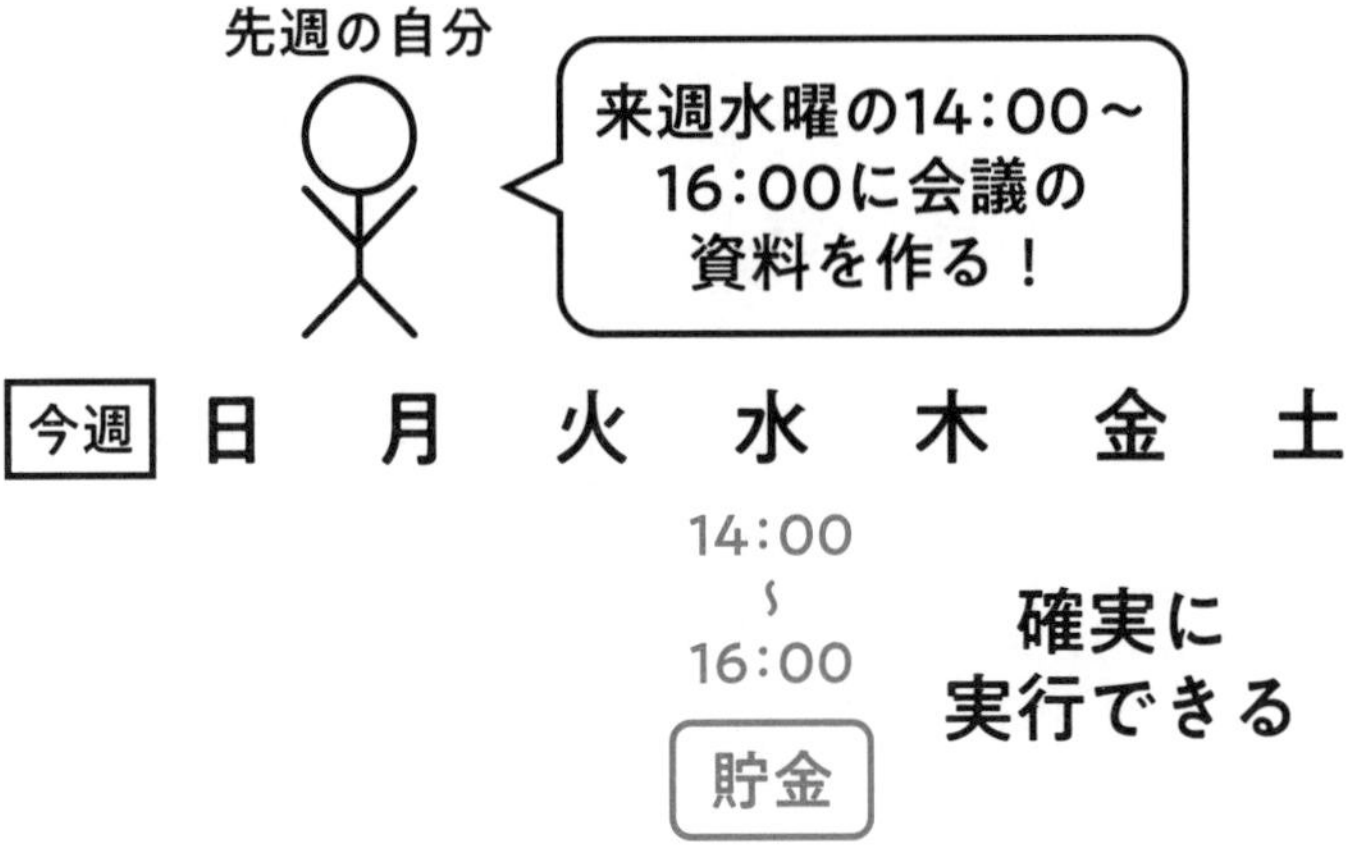

春香　「たしかに、**いつやるかを決めていれば、あせらなくて済みそうですね。期限だけ決めるのだと、直前にあせってバタバタしそう**です。最悪、期限を越えるかも……」

黒野　「その通りです。これは何も仕事に限ったことではないですよ。プライベートでも『今月中にお父さんのプレゼントを買う』よりも『5月13日12時にお父さんのプレゼントを買いに行く』のように、いつやるのか、日時を決めたほうが実効性が増して、ムダのない時間の使い方ができるようになるんです」

春香　「たしかに。先生の言っていることはわかるんですけど……。

たとえば今日は先生と約束したから時間を確保した、というのもありますよね。人と約束したから実行できたと思うんですよ。だから、自分1人で考えるためだけに、時間を事前に確保するかな……と考えると、確保できなかったかもしれません」

黒野　「なるほど。ではなぜ、自分1人で考える時間は重要ではないのでしょうか？」

春香は考えるように天井を見上げた。

春香　「そうですね。もっとほかにもやることがあるって考えるからです」

黒野　「では、**『自分の人生の時間を投資してどんな結果を得たいのか考える』より重要なこととは、何なんでしょうか？**」

春香「えーと、仕事でやらないといけないこともありますし、1人暮らしなので家事も全部自分でやらないといけないし、友達とご飯に行ったりもしたいですし」

黒野「そういう時は、『自分の人生の時間で何を得たいのかを考えるより、仕事や家事をすることのほうが自分は大切である』でいいのか、と考えてみるのはどうでしょうか？　何が大切かがわかると時間も確保しやすくなるのですよ」

しばし沈黙が流れた。

春香はまだ考えている。

黒野「シンプルに考えてみましょう。ちょっとした復習も入っていますよ」

①わたしたちは、毎日24時間を何かしらに投資している

②時間投資をムダにしたくないなら、結果につながる「投資先」をどれにするか、しっかりと考えなければいけない

③何に時間を投資すべきかは、得たい結果がわからないと、わからない

黒野「つまり、自分が時間を投資して、得たい結果は何なのかを決めない限り、毎日の24時

間の投資は『目の前のやらないといけないこと』や『娯楽』のみに流れていってしまうことになるわけです」

春香 「たしかに、何も考えていないと、人の噂話やグチばかりの本当は参加したくない飲み会に断れなくて参加してしまったり、それほどおもしろくないネットマンガをずっと見ちゃうこともありました……」

黒野 「でしょう。そんな時に忘れてはいけないのが、**『毎日の24時間は命の残り時間である』**ということですよ」

春香 「命の残り時間なんて、大げさですね」

黒野 「人間の命は、終わりが来ると決まっています。**『時間が経過する』とは、『命の残り時間が減っている』**ということなのですよ」

春香 「そう言われると、ムダな時間の使い方はしたくないって、無性《むしょう》に思えてきました……。たしかに『忙しくて時間が確保できない』は言い訳ですね。目の前のことしか考えてなくて、真剣に命の使い方を考えていなかったことに気がつきました。丁寧に図まで書いてくださり、ありがとうございます」

黒野 「いえいえ、ではさっそく時間貯金をしようじゃありませんか！ 青井さんが今、自分の時間を投資してどんな結果を得たいのか考える時間の確保です」

春香はスマホのスケジューラーを開き、**「自分がどんな結果を得たいのかを考える」**と時間を確保した。

時間の神の教え

- **時間は先に確保しろ。**
- **毎日の24時間はあなたの命の残り時間だ。**

4 将来の不安を一瞬解決

謎の影「なかなか楽しそうにやっているじゃないか」

誰もいない時を見計らって、黒野の研究室に謎の影が自慢の前髪をなびかせて、どこからともなく現れた。

黒野「そうですか？　まぁ、青井さんはいい子ですからね。素直で正直で、教えがいもありますね」

謎の影「彼女を特別扱いしている理由はほかにもあるんだろう？」

黒野「あなたはそんなとこまで見てるのですか？」

ちょっとあせった様子の黒野に、謎の影はニヤッとした。

謎の影「今はまだそこには触れなくていいか。でも、本当に現代人は目の前のことに追われすぎているんだな。自分の命とも言える時間を使って何を得たいかを考えるより、目の前のやらないといけないことに囚《とら》われてしまうだなんてな」

黒野 「まぁ、これだけ便利になると、選択肢も情報もいっぱいありますから、自分で考える前に選択肢や情報が迫ってきてしまうんですよ。次々とこなさないといけない、という衝動に駆《か》られてしまうのはわからなくもないですが……ただねぇ……」

黒野は遠くを見るように目を細めた。

黒野 「**立ち止まって『時間から、どんな結果を得たいのか？』を考えないと、いつまでも目の前のことをこなすだけの人生になってしまう**のですよね。立ち止まって考える習慣を持たないと、青井さんもそのうち、『自分の目標 ＝ 得たい結果』がわからない、なんて言ってくるはずですよ」

謎の影 「そうは言っても、お前との約束通り、教えを真面目に実行しようとしている、いい人間じゃないか」

謎の影は何か言い足そうとしたが、その言葉はどうやら飲み込んだようだ。

黒野 「そうですよね。それでは、ちょっと行ってきますね」

黒野の手元には、黒いノートが開かれていた。

＊＊＊

春香は、前回、研究室を訪れた時に確保した時間に、カフェで自分が得たい結果は何なのかを考えていた。

春香「うーん……いくら考えても、自分の人生の時間を使って得たい結果っていうのが決まらないな……。やっぱり別に決めなくてもいいんじゃないかなぁ……」

黒野「ダメです」

春香「うわっ！　びっくりした！　なんで、先生、こんなところにいるんですか⁉」

黒野「なんでって、この近くを歩いていたら真面目な顔をして考え込んでいる青井さんがいるじゃありませんか。そりゃ声をかけたくなるでしょう」

黒野は、春香の向かいの椅子に腰をかけ、店員に紅茶を注文した。

黒野「で、調子はどうですか？　……って聞くまでもないようですね」

春香「先生、やっぱり得たい結果って必要ですよね？　頭ではわかっているんですけど、『これだ！』っていうのが見つからないと、決めなくてもいいかって……」

黒野「必要かどうかは本人が決めることだと、わたしは思っていますよ。別に、**なんとなく**

の毎日だって悪くないですし、本人がそれでいいなら、それが得たい結果なんですから、なんとなく過ごすのも1つの選択です」

そこに紅茶が運ばれてきた。黒野は紅茶をひと口、口に含む。

黒野「ちなみに、得たい結果を決めることが必要か、という話をするのなら、青井さんは、ふと『わたし、このままでいいのかな?』とか、漠然と将来に不安を感じたことがあったりしませんか?」

春香「そりゃあ、ありますよ。でもそんなの、たいていの人が思ってることなんじゃないですか?」

黒野「そうかもしれませんね。では、この先100%大丈夫だと保証されている人、もしくは未来の予測が100%つく人はいるでしょうか?」

春香「いやぁ……そんな人はいませんよね」

春香は黒野がなぜこんな話をしているのかわからないといった様子だ。

黒野「ちなみに青井さんは『このままでいいのかな?』という感情が、何が原因で起きるか、知りたいですか?」

春香「はい、もちろん!」

黒野は深く座り直し、重要なことを言う雰囲気をかもしだした。

黒野「それでは、よく聞いてくださいね。**『わたし、このままでいいのかな？』という感情は、『自分の人生からどんな結果を得たいのかを決めていない人』に起きる感情**なのです」

春香「えっ、そうなんですか？　だとしたら、わたし、まずいですよね？」

黒野「そういう人は現代にはいっぱいいいるから、安心してください。青井さんだけではありませんからね」

春香はそれを聞いて、ホッと胸をなで下ろした。

春香「でも、なんで『得たい結果を決めていない人』が感じやすいんですか？」

黒野「こう考えてみてください。青井さんがマラソンランナーだとしましょう。

①ゴールの場所が明確になっているフルマラソンの大会

②ゴールの場所がわからないフルマラソンの大会

どちらのほうが、安心して走れますか？」

春香「それはもちろん、ゴールの場所が明確になっているマラソン大会ですよ」

黒野「そうですよね。ではなぜ、ゴールの場所が明確になっているほうが安心なのでしょうか？」

黒野は、春香に質問の意図を考えさせるように聞いた。

春香「ゴールがどこかわからないマラソン大会も、一見おもしろそうかもって思いますが……」

春香は腕を組んで考える。

春香「でも、フルマラソンですよね。42・195キロという長い道のりを、ゴールの場所もわからずに走り続けるのは、最初は楽しくても途中からは不安になると思うんです。『ゴールはどこなんだろう？』『この道でいいのかな？』って不安になりながら走りたくはないので、ゴールがわかっているマラソン大会がいいです！」

黒野はニヤリとした。

黒野「そうでしょう。その『ゴールはどこなんだろう？』『この道でいいのかな？』というのは、まさに『わたし、このままでいいのかな？』と同じ現象ですよね」

春香「ああ、なるほど！」

黒野「**多くの人間が、『人生という長いマラソン』を、ゴールを決めないで走ってしまってい**

るんですよ。ゴールなきマラソンは、ただの『漂流《ひょうりゅう》』です。走って進んでいると思うかもしれませんが、それは前進ではありません。

それと同じで、**『ゴールなき時間経過もただの漂流』**なんです」

春香は大きくうなずいて納得したようだが、すぐに考え込むように首をかしげた。

春香「でも、なかなかたどり着かない、かなり先のゴールを目指して走るのってきついな〜。30歳のわたしが、人生を終えるっていうゴールを今から目指して生きるのは、ちょっとつらいです」

黒野「青井さん、何も**一生、1つのゴールを目指して走り続けなさいなんて言っていませんよ。**

ゴールはそのつど変わるものです。高校生の時は、『入りたい大学に入る』のがゴールであっても、大学に入ったら、『自分のやりたい仕事に就く』のがゴールに変わるのと同じです」

春香「なるほど！　たしかにその時によってゴールが違いますね」

黒野「ゴールは常に変わっていいのです。**その時によって、時間を投資して得たい結果なんて変わるに決まってますから**ね」

春香「そう言われると、目指したいゴールっていくつも浮かんできますね。資格も取りたいし、海外旅行にも行きたいし、ダイエットもしたいです！」

黒野「それでいいのです。**『ゴールとは時間投資から得たい結果』**と考えればわかりやすいでしょう。

時には『今はダラダラする』というゴールでもいいですし、『今は全力で仕事して営業でトップを取る』というゴールでもいいんです。もし結婚などしたら『毎週日曜日は家族と過ごす』というゴールに変わってもいいわけです」

春香「『今はダラダラする』とかでもいいんですね！　何か大きなことを目指さないといけないんだと思ってました」

黒野「**時間投資で得たい結果に大小は関係ありません。自分が得たいと思った結果を手に入れることが重要なのです。**自分の命の残り時間とも言える時間を投資して、自分が欲しくもなかったものを手に入れても、どうしようもないですから」

春香「でも、得たい結果が『2キロやせる！』とか、自分の時間を確保して1人カフェをするとか、ジムに通うとかだと、小さいというか、なんか情けないような……」

黒野「たしかにそう考えてしまうかもしれませんが、忘れてはいけないのは、そもそも『ゴールを持つこと』が重要だということ。ちなみに、**ゴールを持つだけで人間の幸福度も上がる**

ことが科学的にもわかっています」

春香　「ゴールを持つだけで幸福度は上がるんですか！　たしかに、ゴールがあれば、このままでいいのかなという不安は減りそうですね」

春香の表情が少しだけ晴れた感じがした。

黒野　「難しく考える必要はないのですよ。今日お話しした『時間の使い方3原則』を忘れずに、人生の残り時間を使えばいいのです。

3原則の1つ目は、**『ゴール（得たい結果）が決まっていないと、時間は、その時の流れや、重要でない急ぎのものなどに使われてしまう』**ということ。

2つ目は、**『ゴールは常に変わるもの』**だということ。

一度ゴールを決めたからと満足していると、ゴールがなくなっていることに気づかないまま日々を過ごして、1つ目の原則に戻ってしまいますから気をつけてくださいね。

そのためにも3つ目の原則、**『ゴールを決める時間を常に持つこと』**が、最も大事ですよ」

春香　「先生、ありがとうございます。教えていただいた3原則通りに、人生の時間を投資して得たい結果は何なのか、もう一度考えてみます！」

清々しく春香は答えた。

黒野「ダメですね」

春香「えっ、何がダメなんですか？」

黒野「自分の得たい結果は何なのか、机に座って考えるだけではダメです」

黒野は、スマホで明日の天気を調べているようだ。

黒野「青井さんは明日、お休みですか？」

春香「ええ……でも、なんでですか？」

黒野「明日、高尾山《たかおさん》に登ってきてください」

春香「はぁ？　あの東京の八王子《はちおうじ》のほうの山？　明日ですか？」

黒野「そうです。明日、何か予定がありましたか？」

春香「別にないですが、今日の先生の話を聞いて、明日こそ、自分の得たい結果を考えようと思ってたんです」

黒野「いいですね。でも考えるより先に、明日は高尾山に登ってきてください。

ちなみに、高尾山に登ったことはありますか？」

春香「ないですけど……先生、明日じゃないとダメですか？」

黒野「明日じゃないといけません。しかも、明日は天気もいいみたいですし、最高です。高尾山に登ったら、電話をください。それが得たい結果を考えるのにつながりますから、安心してください」

そのまま、黒野は春香を残してカフェから出て行ってしまった。

春香「まったく……急に現れたと思ったら、高尾山に登れだなんて」

当然、春香はスッキリしていない様子だ。

春香「これで何もなかったら恨んでやるんだから」

ぶつぶつ言いながらも、春香は自宅から高尾山まで行く道のりを調べはじめた。

時間の神の教え

・ゴールなき人生の時間経過は、前進ではなく漂流である。

5

夢や目標なんて、考えてもわからない

翌日。黒野のスマホが鳴った。

黒野「おお、青井さん、今、どちらですか?」

春香「先生、高尾山の山頂から、天気がいいと富士山も見えるんですね。知りませんでした」

黒野「山頂までたどり着いたのですね。まさか、ケーブルカーを使ったんじゃないですよね?」

春香「ちゃんと自分の足で登りましたよ～。1時間半くらいで登れちゃったので、思いのほか、あっという間でした。でも、さすがに運動不足には堪《こた》えるので、帰りはケーブルカーにしますけど」

そう笑う春香の声は、どことなくすっきりしていた。最初は嫌々だったが、いざ登ってみると、そこには予想もしていなかった爽快感が待っていたようだった。

春香　「それで先生、なんで高尾山に登らせたんですか？　『登ればわかる』って、昨日、言ってましたよね？」

黒野　「何ですか。まだ気づいていないのですか。では、今日、登山して初めて知ったこと、楽しかったことをちょっと教えてくれませんか？」

春香　「そうですね……。シンプルに、天気のいい日に登山は気持ちがいい。意外と高尾山は自宅からも近かったし、登るのにも時間がかからない。なんか仕事のストレスが癒された気がします」

黒野　「いいですね。ほかには？」

春香　「登山してる人たちが優しいことですね。すれ違いざまに挨拶してくれるんですよ。それと、天狗《てんぐ》焼きがおいしいです！」

黒野　「ほう、天狗焼きとは何ですか？」

春香　「たい焼きみたいなんですけど、黒豆のあん入りで、見た目が天狗キャラでかわいいんです」

黒野　「おいしそうですね。では、それをお土産によろしくお願いします」

春香　「はーい。って、先生、まさかお土産目的でわたしを高尾山に登らせたわけじゃないですよね……?」

春香は、疑わしそうに言った。

黒野「ハハハ。バレましたか……というのは冗談として、ではここで青井さんに質問です。クエスチョン・ターイム!」

電話でも、黒野はどうしても、これはやりたいらしい。

黒野「今日、高尾山に行かずに、家で机に向かって、『自分は人生の時間を投資して、どんな結果を得たいのか?』を考えていたとしましょう。そこで、『登山でリフレッシュしたい!』という選択肢が出てきたと思いますか?」

春香「出てくるわけないですよ。だって、わたし、登山したことなかったですから」

黒野「では青井さんが今後、ストレスがたまって、『気分転換をしたい』『リフレッシュしたい』という結果を得たいと思ったら、その時は、選択肢の1つに登山は入ってくるでしょうか?」

春香「入ってくると思います! だって、また天狗焼きを食べたいですし」

黒野「青井さんは花より団子タイプなのですね。ちなみに、青井さんは、スキューバダイビングはしたことはありますか?」

春香「ありません」

黒野「フラメンコを踊ったことありますか?」

春香「ありません」

黒野「家事代行サービスを頼んだことはありますか?」

春香「ありません」

黒野「年収何十億円の人と、ランチに行ったことはありますか?」

春香「ありません」

黒野「1日2時間しか働かないで、自給自足の生活をしたことはありますか?」

春香「ありません」

黒野「海外で生活したことはありますか?」

春香「ありません……って、先生、これいつまで続けるんですか?」

春香は、笑ってしまった。

黒野「わたしが言いたいのは、**『目標とか自分が得たい結果が、机に向かって考えても出てこないなら、それは、今の自分の知っている範囲にはない』**ということです」

春香「自分の知っている範囲にはない……」

黒野「そうです。**ないなら探しに行くか、体験しに行くしかありません。**だから、『自分のやりたいことは何だろう?』と、机に向かって悩んでいる時間があるなら、どんどん外に出て、知らない体験を増やせばいいんですよ。

その中に、青井さんの感情を動かすものがあるはずなのですから。それを探すことに自分の時間を投資すれば、いつか必ず、『見つかる』という結果を得られるというわけです」

黒野は「高尾山に登れ」と言った理由を諭すように伝えた。

春香「そっか〜。なるほどです! たしかに家で机に向かっていても、この登山の気持ちよさは、体験しない限りわからないです」

しかし、そこで春香の声が少し変わった。

春香「でも、わたしはたまたま登山が心にヒットしましたけど、人によってはイマイチだと感じることもあり得ますよね?」

黒野「そりゃそうです。すぐに見つけられる人間もいれば、なかなか見つけられない人間もいますよ。

ただ、**得たい結果が『自分がやりたいことを見つけたい』なら、シンプルに見つけるまで時**

間を投資すればいいだけです」

春香　「でも、もし、わざわざ外に出かけて、自分がやりたいことや得たい結果を探すのに時間を投資しても見つからなかったら、それはそれでモヤモヤしそうです」

黒野　「いい意見ですね。たしかに、仮に10年も時間を使ったのに自分のやりたいことが見つからなかったら、モヤモヤするかもしれませんね」

春香　「10年も見つけられなかったら、うんざりしそうです」

黒野　「ただ、そんな時に言えることが2つあります。

1つは、**自分がやりたいことや得たい結果が見つからなくても、それを見つけることが今の得たい結果だと認識して、時間を投資していれば、『このままでいいのかな？』という不安を抱きにくい**ということです」

春香　「あっ、そうか。自分がやりたいことを見つけるというゴールが明確であって、そこを目指して進んでいることには間違いない。これは、ゴールのあるマラソン大会だからですね」

黒野　「そうです。そして、10年もかけて、やりたいことが見つからない人の原因のもう1つは、シンプルに、その人の探し方がよくない、ということです」

春香　「それは、どんなに時間をかけても投資先の見極め方が悪いから、リターン（結果）が返ってこないのと同じですか？」

黒野「そうです。だいぶ理解してきたじゃないですか！『探し方』は、次にでも詳しく教えますね」

「わかりました」と元気に答えると、春香は電話を切った。

黒野「ちゃんと高尾山に行くなんて、やっぱり青井さんはいい人間ですね。この調子で鍛えていきましょうか。時間は限られていますしね」

時間の神の教え

- 未知の体験をたくさんしろ。机に向かって考えるな。

6

盲点だった！「シンプルな優先順位のつけ方」

春香が高尾山に登ってから1ヶ月が経っていた。

黒野から春香へは、「1ヶ月ほど出張に行ってきますから、その間に知らない体験をいろいろしてみてくださいね。たとえば、会ったことがない人に会ったり、知らない働き方を知るとかも体験ですよ」とLINEが来た。

春香はこの間に、行ったことのない名所に行ってみたり、これまで参加したことのない講演会やセミナーを受けてみたりもした。食べたことのない外国料理を口にしてみたり、これまでやったことがなかったオンラインゲームや、ヨガの体験などもした。家事代行サービスをお試し価格でお願いしてみたり、忙しくてなかなか会えなかった友人、先輩、他業種の人に会うなどして、忠実に黒野の教えを守った。

春香「まったく、『続きはあとで教えますからね』とか言いながら、出張でいなくなるんだから。今日は、この1ヶ月分の話をしてもらいますからね」

そう意気込んで、春香は黒野の研究室に向かっていた。

春香「ん? 珍しいなぁ。研究棟の前に、こんな黒塗りの車が停まっているなんて」

春香はいつも通りノックをせずにドアを開けようと思ったのだが、黒塗りの車が気になって珍しくノックをし……ようとした。が、やはりいつものクセでノックせずに入った。

春香「先生、1ヶ月もどこに行っていたんですか!」

いつもより大きな声で研究室に入ると、そこには40代半ばの男性が座っていた。ビシッとした紺のビジネススーツに赤いネクタイ。キレイに横分けしたヘアスタイルをしている。

あわてて春香は、その男性に一礼をして、「わたし、来て大丈夫でしたか?」といった表情で黒野のほうを見た。

黒野「どうしたのですか? 早くこちらへ」

春香「でも、来客中じゃないんですか?」

黒野「大丈夫ですよ。青井さんが来ることは伝えてありますから。それに、彼は青井さんの先輩ですからね。つまり、わたしの研究室の卒業生です」

同じ研究室の先輩であることに少し安心しながら、春香は男性に視線を向けた。どこか見覚えがある気がする。

黒野「青井さん、こちらは赤坂順一くんです」

赤坂「青井さん、はじめまして。赤坂です。先生から、元気のいい後輩がいるって聞いていましたよ」

赤坂は、とても礼儀正しい雰囲気で、優しい表情をしている。

春香「こちらこそはじめまして。青井春香です。よろしくお願いいたします」

黒野「今日、ちょうど赤坂くんが来たから、青井さんのために残ってもらってたのですよ」

春香「え？　なんでですか？」

春香は、何か罠でもあるのではないかと疑うような目で2人を見た。

黒野「そんなに怪しまなくても大丈夫ですよ。どうせ今日、青井さんがわたしに言いたいのは、『あれから1ヶ月いろいろ体験しろって言うから、いろんな人に会ったり、いろんな体験をしたら、今度は逆にやりたいことがたくさん出てきて、どうしたらいいかわかりません』でしょう？」

春香「やめてください！　そのわたしのモノマネ、全然似てませんから！　ただ、先生の言うことは合ってます。自分の時間を投資したいことがありすぎて、どうしたらいいんだ～と思っていました」

黒野「ほら、正解じゃないですか」

黒野は、お見通しでしたと言わんばかりの表情で、いつも通りティーカップの紅茶に口をつけた。

黒野「それで、やりたいことばかりとは、どんなことですか？」

春香「先生から学ぶこともそうですし、英語の勉強もしたいですし、温泉や旅行にも行きたいです。ダイエットもしないとですし……、あ、副業として動画編集とかもやりたいですね。それと、ヨガや瞑想にも興味がありますし、登山もまた行きたいですね。でも、昇格試験のための勉強もしないといけないしなぁ。部屋も散らかってきたので整理もしたい……。でも、今はやっぱり、好きなアイドルのコンサートかな」

春香は幸せそうな表情をした。

黒野「もうそれくらいで十分ですよ」

さすがの黒野も少し引いているようだ。

赤坂　「青井さん。僕は先生から、青井さんが**『やりたいこと、やらないといけないことがありすぎて、時間を何に投資していいのかわからない』**という状況にきっとなっているだろうから、先輩の僕からも、そんな時の考え方を話してやってほしいとお願いされたんだよ。

実は僕も青井さんと同じように、こうして先生にずっと時間の使い方を教えてもらっている一生徒だから」

黒野　「そうですね。そんな赤坂くんもすっかり立派になって、今度は東京四菱銀行の頭取ですからね」

春香は思い出した。先週、創業以来最年少の頭取が東京四菱銀行に誕生したとニュースで見たことを。

春香は急に背筋を伸ばして改まった。

黒野　「なんですか、青井さん。急に改まって」

春香　「そりゃ改まりますよ。なんでそんなすごい方が、先生の研究室にいらっしゃるんですか」

黒野　「失礼な。わたしの研究室の卒業生だからに決まっているでしょう。

それより、やりたいことがありすぎて何に時間を使っていいかわからなくなってしまったのですよね?」

春香 「そうなんです。もう少し正確に言うと、**やりたいことだけじゃなくて、仕事やプライベートなどでやらないといけないことがたくさんあって、どう優先順位をつけていいのかわからなくなって**」

赤坂 「それは昔の僕を見ているようですね」

赤坂は笑った。

黒野 「たしかに昔の赤坂くんもそうでしたね。では、ここは経験者から話してあげてやってください。そのほうが青井さんにも伝わると思いますから」

赤坂 「わかりました。では、僕から先生の教えをお伝えしますね」

赤坂は立ち上がって、ホワイトボードに大きく文字を書いた。

で、今、どこを目指しているの?

赤坂 「優先順位がつけられない時は、この言葉を唱えろ。それが先生の教えでした」

赤坂は黒野のほうを見てから、春香に向き直った。

赤坂「青井さんは、今、どんなゴールを目指しているのでしょうか？」

春香「わたしですか。そうですね……充実した毎日……ですかね……」

不意をつかれたのか、さっきの勢いはどこへやら、自信がなさそうに春香は答えた。

赤坂「もし青井さんの得たい結果が『充実した毎日』なのであれば、**やりたいこと、やらないといけないことの中から、それにつながるものを選べばいいだけ**、ということになりませんか？」

春香「それはたしかにそうなんですけど、たくさんあるやりたいことのどれをやっても、充実した毎日につながっていると感じてしまいます。それで結局選べないのかもしれません」

春香は申し訳なさそうに、赤坂の目をのぞき込んだ。

赤坂「なるほど。大丈夫ですよ。そんな時は、2つの方法で解決できますから」

赤坂は春香の申し訳なさそうな表情に笑顔で返した。

赤坂「1つは、**やりたいことに感情の点数をつける方法**です。これは、**『スケールメリット』**と言って、感情の強さが10点満点のうち何点ぐらいなのかを考えて、1つ1つ点数をつけていくものです。

そうすると、やりたいことに点数で順位がつくので、高い順に、時間を投資していけばいいということになりますよね」

春香「感情に点数をつける、ですか？」

春香は初めて聞いた考え方に少し戸惑っているようだ。

赤坂「そうです。最初はピンと来ませんよね。そうしたら、簡単なたとえで一緒にやってみましょう」

赤坂はホワイトボードのマーカーを手に取った。

赤坂「では青井さん。最近、高尾山に登ったと聞きました。また、登山をしたいな、という気持ちは、10点満点中、何点くらいですか？」

春香「そうですね……えっと、うーん」

赤坂「直感で大丈夫ですよ。正解、不正解はないですから」

赤坂の声に安心したのか、春香の表情がやわらいだ。

春香「そしたら、7点で！」

赤坂はホワイトボードに「登山　7点」と書いた。そして、春香が今やりたいと思っていること、やらないといけないと思っていることを、いくつかピックアップして、それぞれの点数を聞いていき、その結果を整理して書いた。

好きなアイドルのコンサートに行く　8点
登山　7点
ダイエット　5点
昇格のための資格の勉強　4点
部屋の整理　3点

すると、春香が手をあげた。

春香「質問です。このように、本当は気持ちとしては、8点の好きなアイドルのコンサートに行きたいけど、来月資格試験があるから4点の資格試験の勉強をやらないといけないという時でも、点数を優先してコンサートに行ってしまっていいんでしょうか？」

赤坂「そういう時は基本の『で、今、どこを目指しているの？』で考えればいいだけです」

赤坂は新たにホワイトボードに丁寧に図を描いた。

赤坂「この図のように、今やりたいことがすべて、自分の得たい結果につながっている場合は、選択肢に感情の点数をつけることはとても有効です。ここから、一番点数が高いものを選べばいいだけですよね」

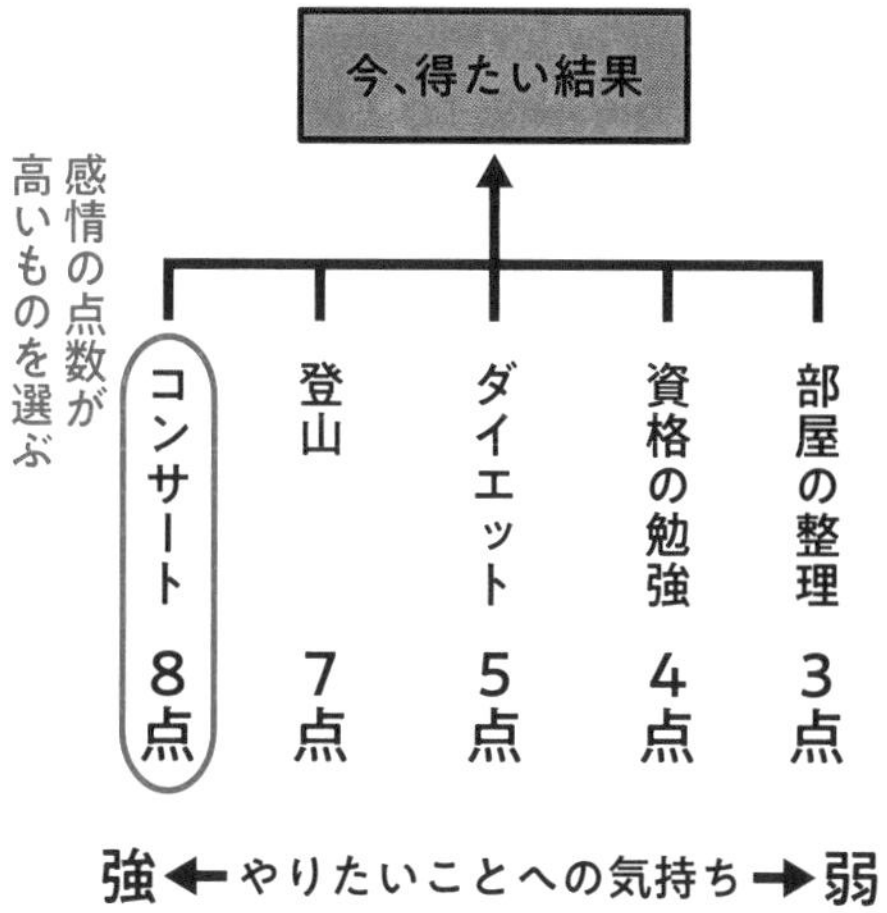

春香　「はい。ここまでは納得です」

すると、赤坂は2つ目の図を描いた。

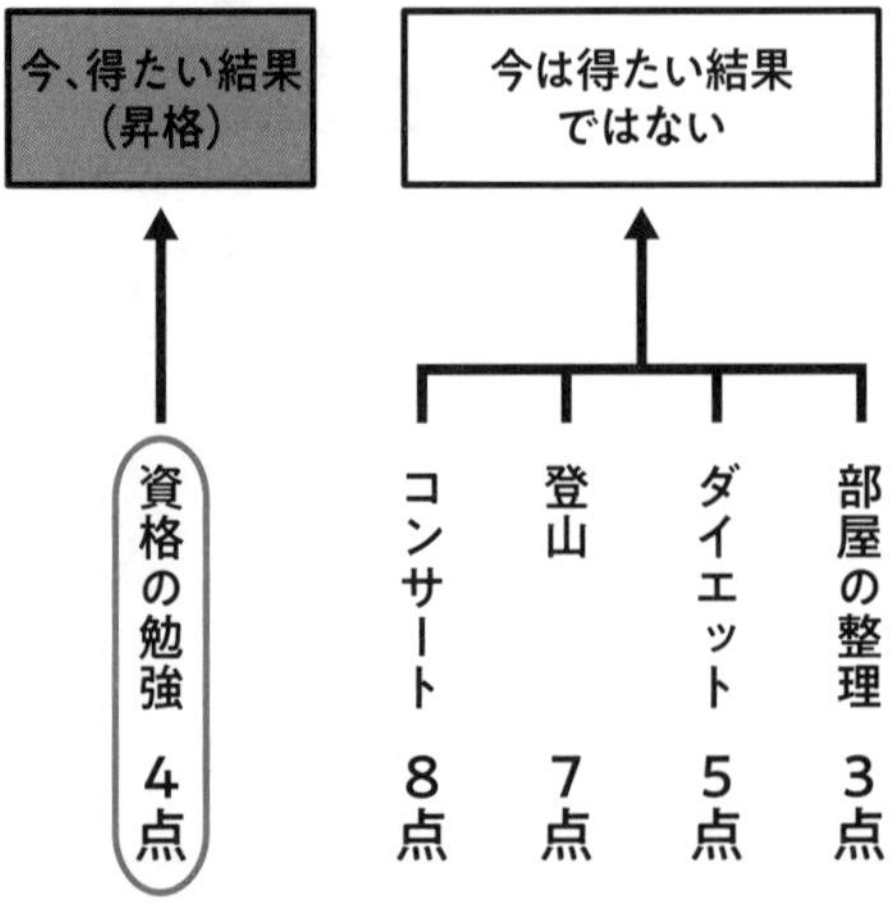

赤坂「ただ、やりたいことが、『今、得たい結果』につながっているわけではない場合も当然あります。
それが、先ほど青井さんが言った、本当はコンサートに行きたいけど資格勉強をしなきゃ、というパターンです。
その時に、『で、今、どこを目指しているの？』と問いかけてみるのです。もし自分の得たい結果が、昇格であるならば、得たい結果につながらないものは選択肢にはならない、ということです。図でもわかりますね」
赤坂はホワイトボードの図を指さした。
赤坂「今、得たい結果が、『好きなアイドルが引退するコンサートだから、どうしても行きたい！』ならば、得たい結果につながる選択肢は、資格勉強からコンサートに変わります。結局**どの選択肢を選ぶかは、『今、得たい結果』によって変わるんです**」
春香「なるほど。感情の点数が高くても、得たい結果につながっているのかどうかを確認する。そうしないと、時間を投資したのに自分が欲しかった結果が得られないことになってしまう……」

赤坂「そうです。もちろん得たい結果につながる選択肢を選ぶかどうかは、その人の自由です。時間を何に使うかは、その人の自由ですから。ただ……」

赤坂は言葉を切って、ホワイトボードに何か書き込んだ。

投資できる時間＝残された命の時間

赤坂「わたしたちが投資できる時間は1日24時間と限られています。そして、**いつ終わりが来るかはわかりません。**これは、先生の教え通り『残された命の時間』とも言えます。であれば、**この時間を、今、自分が本当に得たい結果が得られるものに投資したほうがいい**と、僕は思います。

どうでしょうか?」

春香「そうですね。そう考えると、コンサートは最後ではないですし、資格試験が終わったあとにもまだ全国ツアーがあるので、今のわたしの得たい結果につながる選択肢は、資格の勉強です。

資格試験を終えたらご褒美として、コンサートに行くことにします!」

赤坂「いいですね! **こうして正しい時間の使い方を知れば、自然と優先順位もつけられるのです。**それが伝わったようで、よかったです」

春香「ありがとうございます。先生、でもなんで、この話を赤坂さんからしてもらったほうがよかったんですか?」

黒野「赤坂くんに話してもらったのは、次の話をしてもらいたかったからですよ」

黒野は赤坂に目配せをした。

それを受けて、赤坂はホワイトボードの図をいったん消した。

時間の神の教え

- **優先順位は、「で、今、どこを目指しているの?」から考えろ。**

7 学校では教えてくれない「人生の公式」

赤坂　「青井さんは先生の教えを素直に実践しているから、きっとそのうち、こんな疑問を持つと思います。

目指すゴールは1つじゃないといけないのか？　2つや3つを同時に目指してはいけないのか？」

春香　「え！　さすが、赤坂さん。もうすでに思ってます。なんでわかったんですか？」

赤坂　「それはね、僕もかつてそのように思ってたからなんです。

青井さんはなぜそう思ったのですか？」

春香　「わたしの場合は、『で、今、どこを目指しているの？』と言われた時に、直感的に、仕事とプライベートで得たい結果がそれぞれ出てくるかなと思ったからです。

たとえば、仕事では『大型契約の獲得』を目指しているけど、プライベートでは『結婚したい』とか」

赤坂「僕もまったく同じ考えでした。そして、同じ質問を先生にしました」

赤坂は、一度視線を春香から、黒野のほうへ移した。

赤坂「同時に複数のゴールを目指してもいいのか？ という問いの結論は、**『目指すゴールは1つがいい』**です。『多くても、せめて2つまで』というのが、先生の教えでもあり、僕の答えでもあります」

赤坂の返答を聞いて、春香はチラッと黒野のほうを見た。

春香「赤坂さん、前に、先生から、『ゴールは常に変わるもの』と教えられたんです。そうなると、ゴールをたくさん持つことになるのではないでしょうか？」

赤坂「それは正確に言うと、**『ゴールは常に変わっていいけど、同時期に目指すゴールの数は、1つか2つ』**ということです。

たとえば、中学生が行きたい高校を目指して勉強をする。高校に入学したら野球部で甲子園を目指す。野球を引退したら大学を目指す……というように、ゴールはいろいろ変わっても、その時目指しているのは1つだけですよね」

春香「なるほど！ では、目指しているものが1つか2つなら、ゴールは何回も変えて、結果的にいくつも持ってもいいということですよね」

赤坂「そうです。得たい結果が得られたら、目指すゴールはまた変わりますし、そういう意味合いであれば、ゴールはいくつ持ってもOKです」

春香「でもなぜ、同時に目指すゴールは1つか2つまでなんですか?」

春香は続けて疑問をぶつけた。赤坂も丁寧に説明を続ける。

赤坂「それはこの数式が、教えてくれます」

赤坂はホワイトボードに謎の数式を書いた。

【人生の公式】

得られる結果(ゴール) ＝ 投資した時間 × 行動レベル

赤坂「これは、『人生の公式』です。**僕たちが人生の時間を使ってどれだけのことが得られるのかは、どれだけの時間を投資したか……つまり使ったか。そして、その時間でどんな行動をしたかで決まってきます。**それを表した式なんです。

今後もきっと使いますから、よく頭に入れておいてください」

春香「投資時間はわかりますが、『行動レベル』って何でしょうか？」

赤坂「**行動レベルとは『生産性の高さ』**です。生産性が高ければ、行動レベルは高く、生産性が低ければ、行動レベルが低い、ということになります」

春香「**『同じ結果を出すのに、投資した時間が短ければ、生産性が高い』**ということで合ってますか？」

赤坂「その通りです。たとえば、30キロのベンチプレスを上げるのを得たい結果だとします。専門家に習って5時間でできた人と、自己流でやって10時間かかった人とでは、5時間でできた人のほうが生産性は高いですよね。

そこには必ず何かしらの『行動の違い』、この例なら『やり方の違い』があるはずです。それが**『行動レベルの違い』**ということです」

そして、赤坂はホワイトボードに2つの数式を書いた

筋トレ（30キロのベンチプレス）＝投資時間10時間×行動レベル1

筋トレ（30キロのベンチプレス）＝投資時間5時間×行動レベル2

赤坂「同じ筋トレをするのでも、トレーナーにやり方を教えてもらったり、筋トレの正しい方法を調べたりしたら、行動のクオリティが高く、生産性も高くなります。つまりは、行動レベルが上がるので、やみくもに筋トレしようとする人より、短い時間で同じ結果を得られるのがこの式からもわかりますよね」

春香「たしかに、**得たい結果は同じなのに、行動レベルの違いで、半分の時間で結果を手に入れられますね**」

赤坂「そうなんです。もちろん、これはわかりやすくするための一例ですよ。

行動レベルの上げ方については、そのうち先生から教わってください」

赤坂は黒野のほうを見て微笑《ほほえ》んだ。

赤坂「その前に先ほどのご質問ですね」

春香「はい、お願いします」

赤坂「なぜ、ゴールは1つか、多くても2つまでなのか？　でしたね。

これを見れば、すぐ簡単にわかります」

赤坂はホワイトボードに、また新たに数式を書き足した。

【ゴールを1つにしたAさん】

・TOEICのスコアアップ　投資時間10時間 × 行動レベル1 ＝ 10点（達成）

【ゴールを同時に3つ目指したBさん】

・TOEICのスコアアップ　投資時間3時間 × 行動レベル1 ＝ 3点（未達）

・3キロダイエット　投資時間3時間 × 行動レベル1 ＝ 3点（未達）

・婚活＆パートナーを作る　投資時間4時間 × 行動レベル1 ＝ 4点（未達）

赤坂　「10点に到達したら、得たい結果が得られるとしましょう。

Aさん、Bさん、どちらも投資時間は1ヶ月で10時間です。

また、行動レベルもレベル1という同条件で1ヶ月実行すると、どうなるでしょうか？」

春香は式を見て、ゴールを3つ以上同時に持つと、どんな結果になるか理解したようだ。

赤坂　「Aさんはゴールを1つにしたから、1つのことに10時間投資できます。

すると、Aさんはたった1ヶ月で10点となり、得たい結果を手にできます」

春香は納得という感じでうなずいた。

赤坂「**ゴールを同時に3つ目指したBさんは、この数式でわかるように、1ヶ月ではどれも得たい結果が得られる10点にはなりませんね。**

ここまでは大丈夫ですか?」

春香「はい、大丈夫です」

赤坂「そこで、時間を分散させてしまい、10点にたどり着けなかったBさんは、得たい結果を得るために、これを続けるとします。すると、Bさんが10点にたどり着く、つまり、得たい結果が得られるのは3ヶ月後です」

春香「3ヶ月後! だから、ゴールを同時に3つ目指してはダメってことですね!」

春香は納得した。

数字で見せられると、納得度合いがまた違うようだ。

春香「だから、先生は赤坂さんにこのお話をさせたんですね」

黒野「そうです。よく気がつきましたね。日本を代表する銀行の頭取に数式で説明されたら納得するでしょう?」

赤坂「青井さん、実は数式ではわからない大事な部分があるのに気づきましたか?」

春香「えっ? どういうことですか?」

赤坂「**この数式には人の心の動きが現れていない**のですよ。心と言うより、『感情』と言ったほうがわかりやすいですね。そこが、時間の使い方を考えるうえで一番重要かもしれません」

赤坂はホワイトボードに並んだ数式を指差した。

赤坂「Aさんはいつも、ゴールを1つだけにしているとします。Aさんは、毎月どんな気持ちだと思いますか?」

春香「Aさんは毎月、何かしらの結果を得ているので、前向きな気持ちというか、イキイキしていると思います」

赤坂「一方、Bさんはいつもゴールを同時に3つ目指しています。Bさんは、毎月どんな気持ちだと思いますか?」

春香「同時に複数のゴールを目指しすぎて、投資時間が分散して、進捗も少しずつですよね。3ヶ月でやっと1つ結果を得られるとしても、それまではなかなかシンドそうですね」

赤坂「そう、つまり、**『Bさんは3ヶ月も継続してがんばれるか?』**ということなのです」

春香はハッとした表情を浮かべた。

春香　「たしかに！　わたしがBさんだったら、ダイエットも最初の1ヶ月で全然やせなかったら『もういいや』って、アイスとか好きに食べてしまうと思います。途中で心が折れて、**3ヶ月後の10点までたどり着けないですね**」

赤坂　「でしょう？　そう考えると、**1ヶ月ごとに結果を得られるAさんは気持ちよく、前向きに行動できます**よね。

Bさんもゴールを1つに絞《しぼ》れば、3キロやせたなどの結果を得たことを自信にして、たとえば、英語の勉強、そして次に婚活と、ポジティブに継続的に動けるかもしれません。

だから、**目指すゴールの数は1つずつのほうが、人生の時間の投資としては、とてもポジティブで充実した取り組み方になる**のです。なので、僕の答えも、そして、先生の教えもゴールは1つ、多くても2つということなのです」

春香　「貴重な時間を使って教えていただき、ありがとうございます。正直、最初はあれもこれもやりたい！　と思ってたんですが、それよりも、**1つずつ取り組んで、成長しているのを**

実感したいという気持ちになれました」

赤坂　「『ゴールはなぜ1つにしたほうがいいのか？』がスッキリしたようでよかったです」

春香　「ありがとうございます。

ちなみにゴールの数についてですが、チームとか会社だったら、話はまた違ってきますか？」

赤坂　「おっしゃる通りです。この話はあくまで個人の話です。

チームや会社になったら投資時間が増えるから、ゴールは1つでなく、2つ同時とかでも得たい結果は得られますが……今は関係ないですけどね！」

春香　「たしかにそうですね！

本当に貴重なお時間をありがとうございました」

赤坂　「こちらこそ、初心に戻れました。先生は、たまに突拍子もないことを言いますが、教えは本物ですよ。これからの青井さんの活躍、楽しみにしていますね」

赤坂は黒野と春香に深いお辞儀をしてから、表に停まっていた黒塗りの車に乗って帰って行った。

時間の神の教え

・同時に複数のゴールを目指すな。ゴールは1つ。多くても2つまで。

8 時間を増やす「神ワザ・4ステップ」

春香が赤坂と会った日の夜のこと。謎の影がどこからともなく現れて黒野に呼びかけた。

謎の影「赤坂ってやつ、たしか、お前が人間の教授になってから、最初に教えた人間だろ？」

黒野「見てたのですか。そうですよ。赤坂くんが現代人の教え子第1号です。時間の使い方がうまくなって、今や最年少頭取です。やっぱり、わたしの教えは天下一品ですねぇ」

謎の影「で、あの春香って子はどうなんだ？」

黒野「あと一歩という感じですね。もう少しで時間の使い方だけでなく、行動レベルの上げ方を教えられる感じになりそうですよ。ただ、まだちょっと甘いところがあるんですよ。これを見てください」

黒野は春香とのＬＩＮＥのやりとりを見せた。

黒野　ゴールを1つに絞るのもいいですけど、投資できる時間を増やすことも忘れてはいけませんよ。「得たい結果 ＝ 投資時間 × 行動レベル」ですからね。

春香　投資できる時間を増やす、ですか？
1日は24時間ですから、それより時間は増えませんよ、先生。

黒野　ちょっと違いますね。「1日の時間を増やせ」という意味ではなく、「投資できる時間を24時間の中からかき集めて増やしなさい」ということです。

春香　なんか、それだと、1分1秒もムダにできないという感じになって、逆に息が詰まっちゃいそうです。

黒野　「ほら、やっぱり、まだすべてを理解しているわけではないんですよね。
まぁ、まだまだ伝えていないことがあるから仕方ありませんが」

謎の影　「この子は真面目なんだな。たしかに現代人が持つスマホとやらは、限られた24時間から、投資できる時間を簡単に奪う。ほかにも時間を簡単に奪う誘惑が多いな、現代は。1万年前とは大違いだ。

ただ一見、ムダに見える時間も、その時間のおかげでリフレッシュできて、次の日からがんばれる！　とかなら、それは得たい結果を得るためには必要なんだがな」

黒野「そうなんですよね。がんばった1日の最後にビールを飲む。好きなドラマを見る。そんな**楽しみの時間が、次の日の時間投資や行動にいい影響を与えるなら、それはムダではありません**」

黒野は研究室の冷蔵庫から珍しく紅茶ではなく、冷えたビールを取り出しゴクゴクと飲んだ。

黒野「もちろん必要以上にダラダラと時間を使ってしまうのは、ムダになりますが……」

黒野は少し考えて、春香へＬＩＮＥを返信した

黒野　リフレッシュすることで、得たい結果への行動をがんばれるのなら、それは必要な時間です。ただ不必要に使いすぎてたら、もったいない時間ですね。

自分の人生の時間をこれに使っているのはもったいないな、と思うことを探してみてください。やめてもいいことが見つかるかもしれませんよ。

春香　そうですね。たとえば、どんなことが考えられますか？

黒野「この子のいいところは、すぐに実行しようとすることです。だから、こうして具体例を求めてくるのですよね」

黒野は嬉《うれ》しそうに返信した。

黒野　移動時間に何も考えずにスマホをいじってる時間
寝る前についSNSを見てダラダラする時間
ショート動画を延々と見てしまう時間
何かをただ待っている隙間時間
人に任せられるのに、自分でやってしまう時間
必要がない何かの集まりに参加する時間
必要ないのに付き合いで費やしてしまう時間
自分がいなくてもいいミーティングに参加する時間

ムダに資料作成に凝って浪費する時間とかですね。

春香 なるほど。ただ、ミーティングとかは、出たくなくても立場的に出ないとまずいこともあると思うんですけど。

黒野 「あくまで一例ですから、そこは自分の都合で判断していいのですが……。でも、**『ムダだと思っていることを、やめるなんてできない』**と言ってばかりいたら、いつまでも変わらないんですけどね。人間なんて残されている時間は少ないのですから」

謎の影 「人間は不思議な生き物だな。自分の問題を解決する答えを求めるのに、それを教えると今度は時間がないとか、自分にはまだ早いとか、何かと理由をつけてできないと言う。そして、死ぬ時に『ああしておけばよかった』と後悔をする。まぁ、もちろん全員ではないが」

黒野 「本当に、現代人は、胆力《たんりょく》というか、粘り強さがないように感じますね」

黒野はLINEに返信した。

黒野　もちろん、全部は無理ですから、できることからです。
ムダな時間を、意味ある時間に回したいなら、こんなやり方がおすすめですよ。

ステップ①　得たい結果にはつながらないムダになってしまっている時間を書き出す
ステップ②　ステップ①の1日に使っている時間を、だいたいでいいから計算する
ステップ③　それが1週間、1ヶ月でどれくらいの時間になっているか計算する
ステップ④　それだけの時間があったら何ができるかを考えてみる

少し経って春香から返信が来た。

春香　さっそくやってみました。

ステップ①　寝る前にスマホをダラダラ見ている時間
ステップ②　20分
ステップ③　1週間で140分（2時間20分）　↓　1ヶ月で約10時間

先生、わたし、1ヶ月で10時間もムダにしてる！

黒野　「見てください。この子、衝撃を受けて最後まで進むことができていませんよ」

黒野は思わず飲みかけたビールをふき出した。

謎の影　「見えているようで見えていないのが時間だからな。人間は、今がいつなのかを知るためにしか時間を使っていないが、**時間は何かを得る原資なんだ。本当は、お金を管理するように、何にどれくらい使っているか、人間がつけている家計簿とやらのように、自分の時間についても考えればいいのにな**」

黒野　「本当にそうですね。**時間は資産ですから、運用の仕方によって、同じ24時間でも得られる結果は変わります。**

お金については、減らないように、ムダ使いしないように人間は考えるのに、時間についてはその認識がないんですよね。まぁ、今日はこの辺でいいとしましょう」

時間の神の教え

・時間は、資産である。
運用の仕方で得られる結果が変わる。

9 いつまでも忙しい「完璧主義者」

廊下を走る足音が迫ってきたと思ったら、バタンと研究室のドアが開いた。

春香「先生！　わたし、10時間もムダにしてました！

……って、何ですか、この散らかりようは」

春香が黒野の研究室に来るのは2週間ぶりである。研修や出張が続いていたらしいが、それでも、頭から自分が1ヶ月で10時間もムダにしていた衝撃が離れなかったようだ。

黒野「まったく騒がしいですね……で、1ヶ月10時間でしたっけ。すると1年で120時間、つまり5日分です。5日分もスマホをダラダラ見る時間に使ってるなんて、鳥肌が立ちますね」

春香「やめてください。わたしだって愕然《がくぜん》としたんですから。

でも、**具体的にムダな時間を計算したおかげで、寝る前にスマホをいじらなくなりました**」

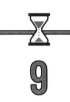

春香は誇らしげに黒野に話しはじめた。

春香「スマホをいじりそうになった時に**『1ヶ月で10時間だよ』**と自分に投げかけるようにしたんです。そしたら効果てきめん！　**時間をムダにしていると感じた時に、『この時間は1ヶ月で○時間だぞ』とつぶやくのは効果的**ですね」

黒野「わかっているじゃないですか。ムダなことでどれだけの時間を失うかを、気づいた時につぶやくのはとてもいい方法ですよ。

禁煙したい人が毎回タバコを吸う時に『わたしはこれで肺がんになるんだ』と言いながら吸うのと同じですね。それでタバコをやめられなくても、吸う本数は減りますから」

春香「そうですね。ムダな時間を止めてくれる、いいブレーキになる感じがしています」

黒野「その通りです。**『つぶやき戦法』**を自分で思いつくとは、なかなかやりますね」

ニヤッとした黒野だが、研究室は、これまでにないくらい書類であふれかえっていた。

机はもちろんのこと、ソファやテーブルなど至る所に書類が散乱し、ホワイトボードにも難しい数式や計算したものが、そのままになっていた。

春香「先生。なんでこんなに研究室が荒れてるんですか？

まるで空き巣に入られたみたいですよ」

黒野「そうですか？　でも、誰にも迷惑はかけていないし、問題はありません」

春香「論文でも書かれてたんですか？」

黒野「まぁ、そんなところです。それで、どうですか？　青井さんも忙しそうですね」

春香「ええ。先生のおかげで、だいぶ『自分は常に時間を何かに投資している』という意識が芽生えてきました。『で、今、どこを目指しているの？』の答えも、今は、1ヶ月半後に取引先で新規の大型契約のプレゼンがあるので、それの獲得を目指すことにしているんですが……」

黒野「ですが？」

春香「**『やらないといけないこと』が多すぎて**……。担当しているのも、そのプレゼンがある取引先だけじゃないですし、新人の教育もありますし。ほかにも社内の細々としたミーティングや資料作成、報告書作成、申請手続きなどあって、もうどうしたらいいのか」

黒野「なるほど。青井さん、いいタイミングで来ましたね」

春香「え、なんでですか？」

黒野「ここが散らかっているのが、いいタイミングということです」

春香はさっぱりわからない、という顔だ。

黒野「それでは、クエスチョン・ターイム」
もはや恒例行事である。
黒野「なぜこの部屋はこんなに散らかっていると思いますか?」
春香「それは、先生が忙しいからなんじゃないですか?」
黒野「ん～。惜しい。半分正解で半分は別の理由があります。
ちなみに、忙しいとなぜ部屋が散らかってしまうのでしょう?」
春香「それは部屋を片づける時間がないからですよ」
黒野「いやいや。もっと別の言い方がありますよね。
わたしが教えたことを使って考えてみてください」
春香「じゃあシンプルに、部屋を片づけることに時間を投資したくないからですか?」
黒野「惜しい! まぁでも、ほぼ正解ですね! 部屋を片づけることに時間を投資したくないということは、ほかに……?」
春香「時間を投資したいことがある!」
黒野「その通り! 今、一番得たい結果が得られることに時間を投資していて、片づけに時間投資していないから、部屋が散らかっているのですよ」

黒野はいつも通り、ドヤ顔で反応を待っている。

春香「はぁ、そうですか」

黒野「ずいぶんと反応が薄いですね」

春香「それはわかったんですが、なんでそれがわたしにとっていいタイミングになるのかがわかりません」

黒野「青井さんが今、やらないといけないことが多すぎて困っているのなら、これが何かヒントになりませんか?」

春香「そう言われてみると……いや、全然ピンと来ないですね」

黒野「仕方ないですね。簡単に説明してさしあげます。『やらなきゃいけないことがたくさんあって時間がない状態』からは、このたった1ステップで脱出できるんです」

黒野はもったいつけるように間をあけた。

黒野「それは、**『やらないといけないことのギリギリのラインを見極めろ』**ということです」

春香「ギリギリのラインですか?」

黒野「そう、ギリギリのラインです。多くの人間たちが、**『やらないといけないこと』を全部、**

完璧なクオリティでやろうとしてしまっているんですよ。

ここで、いいことを教えてあげましょう」

黒野は再び、あえて間をとった。

黒野　「**全部、完璧なクオリティでやるのは無理**です！　今日からあきらめてください」

黒野は散らばった書類を手でどけながら、春香のほうにやってきた。

黒野　「いいですか。**『やらないといけないこと』に時間をかけて完璧なクオリティでやったとしても、人生で得たい結果につながることなんて、ほとんどありません。**それなら、問題にならない程度のクオリティにすることで時間をかけすぎず、そこで**浮いた時間を全部得たい結果につながることに投資したほうがいいに決まっています**」

黒野は部屋全体をぐるっと見渡した。

黒野　「たとえば今回なら部屋を片づけること。これの問題にならないギリギリのラインは、『人が部屋に入れればいい』です。だから、ほんの少しだけ片づけて、あとは別の得たい結果につながることに集中投資していました」

黒野の紳士的ドヤ顔は止まらない。

春香　「言っていることはわからなくもないですが、先生はそうでも、わたしには手を抜いていいようなことなんてないですよ。会社の人たちに迷惑をかけちゃいますし」

黒野「青井さんは真面目ですね。そこがいいところでもありますが、どうか、『どうやったら、わたしの教えを実行できるか？』を、まず考えてもらえませんか？」

黒野は微笑んだ。

黒野「それでは、この『問題にならないギリギリのラインを見つける』という考えを理解しやすいように、青井さんの『やらないといけないこと』で考えてみましょう。

たとえば、『新規の大型契約を獲得する』という得たい結果について。このゴールにつながらないにもかかわらず、やらないといけないこととは何でしょうか？」

春香「さっきも少し言いましたけど、取引額があまり多くない取引先とのやりとりとか、あまり重要でない社内の会議とか、その会議のための資料作成、報告書の作成に申請手続きなどです」

黒野「なるほど。では、その『やらないといけないこと』の問題にならないギリギリラインでの関わり方、クオリティを考えてみてください。

たとえば、

・**取引額が少ない取引先とのやりとりが毎日ある ↓ 連絡の頻度をどこまで落とすことができるか。**
・**社内会議のうち、重要会議は出なければ問題になる ↓ 重要会議でないなら3回に1回は何かしらの理由をつけて出なくても問題にはならないのではないか。**
・**会議の資料作成で、ビジュアルやキャッチコピーに凝るから時間がかかる ↓ 凝るのをやめて要点だけにしても、問題は起きないのではないか。**
・**申請を自分がすべてやるのは時間がかかる ↓ 自分がやらなくても問題が起きないものは他人に任せて、任せた人にお礼にランチをご馳走すれば問題にならないのではないか。」**

春香はなるほど、といった感じでうなずいた。

黒野　「こうしてみることで、**『やらないといけないこと』にかける時間が減りますよね？　それを得たい結果が得られる時間投資に回すのです。**

結果として、得たい結果は得られますし、『やらないといけないこと』も問題が起きないレベルで済ませられるから、万事ＯＫですよね」

春香　「うーん。たしかにそうだとは思うんですけど、それってやっぱり手を抜くってことですよね。わたしはなんか気が引けちゃいます」

黒野「まぁ、真面目な青井さんなら気が引けてしまうのもわからなくはないですが」

黒野はホワイトボードに書かれた難解な数式や英文のメモを消して、何やら書きはじめた。

1ヶ月10時間使えるとすると……

Aさん　パワポの資料を3時間で作る（シンプルに、問題のないギリギリラインで）

そして、昇格に必要な勉強を7時間して資格を取得

Bさん　パワポの資料を10時間で作る（文字の大きさや色までこだわる）

黒野「たとえば、Bさんはパワーポイントの資料作りで、文字の大きさや色までこだわり、1ヶ月で10時間かけました。

Aさんは同じパワポの資料作りで、そこまでこだわらずシンプルに仕上げて3時間かけました。そして、残りの7時間で昇格に必要な資格勉強をして、資格を取得しました。Aさんは、手を抜いてると言えますか？」

春香「それだと時間の使い方がうまいように見えます」

黒野「まさにその通り。では、会社は『やらないといけないこと』、つまり資料作りを全部完壁にやれば評価してくれるのでしょうか？　ＡさんとＢさんで会社が評価してくれるのは、どちらになりますか？」

春香「それは、資格を取ったＡさんです！」

黒野「そう！　社内会議の資料に求められているのが情報整理されて見やすいことであれば、Ａさんのパターンで誰にも迷惑をかけていないですよね」

春香「**まず問題が起きないレベルでやり、今よりもかける時間を少なくする。すると、やりたいことにかけられる時間が増える。**うん、問題ないですね！」

春香は、ようやく腑《ふ》に落ちたという表情をしている。

春香「なるほど。それで、この研究室は今、こんなに散らかってるんですね」

黒野「やっと理解しましたか」

春香「ええ。でも先生、結局いつかは部屋を片づけないといけないんですよね？　しかも、その時はかなり散らかっていて、時間もめちゃくちゃかかってしまって面倒なことになるんじゃないですか？」

黒野「たしかに後々部屋を片づける時間は取らなければいけないでしょう。しかし、時間はかかっても、その時は、もう得たい結果は手にしているのです」

春香「どういうことですか？」
黒野「たとえば、テスト勉強の時に『今は勉強しないといけないから、部屋を掃除している暇はない』と勉強に励んで、テストに臨むのと同じです。
テストで目標としている点数を取ったあとでしたら、少々散らかっていても気分よく部屋を掃除できるというものではないですか？」
春香「う〜ん。なるほど！」
黒野「得たい結果も得られて、最終的には部屋もキレイになるわけですから、うまい時間投資と言えますすね」
春香「たしかにそうですね。**限られた投資できる時間で得たい結果を得るには、何に集中的に時間を投資するのかは、順番がある**ということですね。
同時に全部やろうとすると結局何も得られないというのは、赤坂さんにも教えてもらいましたもんね」
黒野「赤坂くんの教えは、わたしの教えですよ」
春香「はいはい、わかってます。それじゃあ、先生も得たい結果に時間を集中投資されているようなので、わたしは、帰って、やらないといけないことのギリギリのラインを考えるとします」

黒野「ええ！　部屋を片づけていってくれてもいいんですよ！」

春香「でも、ギリギリのラインでは、人が入ればＯＫなんですよね？

そのラインを越えてしまったら、時間を使わせていただきますね！」

黒野「青井さん……恩師のために時間を投資するという結果を求めてはどうですか？」

春香「またまた〜。冗談がお上手ですね！」

（それにしても先生は部屋も片づけずに、何をしてたんだろう？）

春香はそこだけ少し気になったが、また忙しい毎日を乗り越えて、自分が得たい結果を得るための「時間の使い方」のヒントをつかんでいった。

時間の神の教え

- 「やらないといけないこと」のギリギリのラインを書き出せ。

10 行動できる自分に変わる「感情の天秤」

1ヶ月半後、春香から黒野にＬＩＮＥが届いた。

春香 先生、おかげさまで、得たい結果だった、新規の大型契約を獲得できました！お礼に、ご飯をご馳走《ちそう》させてください。

黒野 「うんうん。これでこそ教えがいがあるというものです。遠慮なくご馳走になりましょうかね」

2週間後。2人は銀座の中華レストランにいた。

春香 「それでは、わたしの得たい結果の獲得記念と先生へのお礼を込めて、かんぱーい！」

黒野 「わたしへの感謝一択でいいような気もしますが、でもありがたくご馳走になります」

２人は笑い合って乾杯した。

黒野「契約、うまくいってよかったですね。時間をうまく投資して、ちゃんと得たい結果を得られたんですね。すばらしい！　ちなみに最後に相談してきた『やらないといけないことがたくさんあって、時間が足りない』は結局、どうやって解決したのですか？」

春香「あぁ、あれは先生のアドバイス通りに実行しました」

黒野「説明をはしょらないで、具体的に言ってくださいよ。青井さんの理解度を知りたいのです」

春香「あ、失礼しました。

先生が言っていた、ギリギリのラインを決める方法を使ったんです」

春香は少し胸を張って、偉そうにした。

春香「まずはステップ①で、**仕事もプライベートも含めて、やらないといけないタスクを全部書き出した**んです。

そして、ステップ②で、**そのタスク1つ1つの、問題にならないギリギリの関わり方、クオリティ、頻度、期限はどんなものか、書いていきました**」

黒野「ほう、いいですね。その時にポイントとかは何かありましたか？」

春香「よくぞ聞いてくださいました。さすが先生、いい勘されてますね～」

春香は黒野を真似したような言い回しを使って説明を続けた。

春香「この時のポイントは、その書き出したタスクにそれぞれのギリギリのラインを書き足していくことです」

黒野「なるほど」

春香「たとえば、社内会議なら、同じ部署内のは3回に1回は出なくてもＯＫ。他部署との会議は2回に1回は出なくてもなんとかなる、とか」

春香はすっかり先生役になった気分である。

春香「それと、結構便利だったのが、あまり重要ではない会議に出る時はオンライン参加にさせてもらって、耳だけ傾けて別の作業をしていました。これ、案外やってみると問題ありませんでした」

黒野「頭いいですね。たしかに、その手は使えます。

青井先生、丁寧なご説明ありがとうございました」

春香「いいえ、とんでもないです」

春香は、手元の紹興酒《しょうこうしゅ》に口をつけた。

春香　「実は、先生に考え方を教えてもらったおかげで、いろいろと仕事でも、こうしてみたら時間がうまく使えるんじゃないかとか、うまいやり方のアイデアが少しずつ出るようになってきて、自分でも驚いているんです」

黒野　「どういうことですか？」

春香　「結局、**自分で勝手に全部を完璧にやらないといけないって思い込んでいた**のが原因で、時間のうまい使い方のアイデアも浮かばなくなってたんだって気がついたんです。**『全部を完璧にやるには時間が足りない。どうしよう』って、自分で自分を勝手に苦しめていただけだった**んだなって」

黒野　「青井さん、肩から力が抜けていい感じですね」

黒野は前菜の盛り合わせに手をつけた。

春香　「そうなんですよ。先生の『やらないといけないことの問題が起きないギリギリのラインを探せ』って教えは、仕事以外にも使えますよね？」

黒野　「もちろんですよ」

春香　「わたしは1人暮らしなんですけど、**家のことも問題が起きないギリギリのラインはどこだろうって見直してみた**んです」

黒野「おお、いいですね。どんなギリギリのラインを見つけられたんですか？」

春香「先生、いい質問ですね！」

新規大型契約の獲得という得たい結果も得られた春香は、今日は特に冗舌《じょうぜつ》だ。誇らしげに語りはじめた。

春香「わたしが発見したのは、洗濯物をいつもキレイにたたんでいたけど、別にたたまなくても、問題は起きないってこと。

次に、自炊も毎日やらなくても、問題なかったので、たまにはお弁当を買ったり、外食もお手頃なところならしていいことにしました。

お弁当作りも、冷凍食品を詰め合わせるだけでも問題は起きないことに気がつきました！

冷凍食品って、今ものすごく進化していて、とてもおいしいんです。

部屋の掃除も1週間に1回もすれば十分ですし、洗濯も毎日する必要はありません。

食材や日用品も、配送料がもったいなかったので、1円でも安いお店まで行って買ってましたけど、ネットで買って自宅まで配送してもらったほうが、ラクで疲れなくて問題も起きませんでした。

あまり気乗りしない付き合いも、3回に1回くらいにしても何も問題は起きてないですねぇ。

こうして、いろいろ問題が起きないギリギリのラインまで下げたら、急にプライベートでも時間が生まれたんですよ」

黒野は嬉しそうにうなずいた。

黒野「いいですね、仕事以外の場面でも使いこなしてるなんて。

青井さんの言う通り、**多くの人間が『こうじゃないといけない。完璧じゃないといけない』に縛られている**せいで、勝手に自分で多くの『やらなくてはいけないこと』に時間を奪われているのです。そのせいで時間をうまく使えていない人間が現代は多いのですよ」

春香「でもですね、先生」

春香は紹興酒を飲み干し、黒野に真剣な眼差しを送った。

春香「やらなきゃいけないことをギリギリのラインまで下げて、プライベートにも少し投資できる時間の余裕が生まれたので、ジムに通って運動をしようかな、エステに行こうかなとか思ったんです。なのに、なかなか動けないんですよ」

黒野「じゃあ、余裕が生まれた時間で青井さんは何をしているのですか？」

春香「それを聞いちゃいますか？　結局SNSを見たり、動画や漫画を見てダラダラしたり、寝ちゃったりして、気がついたら時間が経っちゃってるんですよ～」

黒野「ハァ……。なんでそうなってしまうんですかね。

本当に現代人は、少し目を離すと、すぐに時間の使い方を忘れてしまいますね」

春香「ダメなことはわかっていますよ！　だからこうして、先生をお礼の食事に誘って、なんでこうなっちゃったのか教えていただこうと思ったんです」

黒野はため息をついた。

黒野「いつからですか？　時間が生まれたのにダラダラするようになったのは」

春香「新規の大型契約を獲得してからですかね。その前は忙しすぎたので」

黒野「では、その新規の大型契約を獲得する前にもしも時間の余裕が生まれていたら、どうしていたと思いますか？」

春香「うーん。たぶん新規の契約獲得につながることに時間投資していたと思います。資料を作ったり、調べたり。あとは体調を整えるのも大事なので、退社後にマッサージに行ったりとか、そういう時間に投資していたと思います」

黒野「でしょうねぇ」

黒野はおかわりの紹興酒を頼んだ。

黒野「新規契約獲得の前だったら、得たい結果のために時間を投資できたのに、今はせっかく時間が生まれても動けない。なぜでしょうか?」
春香「緊張感の違いですかね。新規契約のプレゼンが終わってしまったので、気が抜けてしまったというか……やる気が一時休暇に入ってしまったって感じですかね〜」
黒野「それもあるでしょうね。
しかし、新規契約を獲得する前と後で、何が違うのでしょう?」
黒野の質問に、春香はおかわりした紹興酒を持ったまま首をかしげた。
黒野「ほら、時間の使い方の本質です。『時間投資の優先順位を考える』と、赤坂くんが教えてくれたじゃないですか」
春香「あっ、そうか。新規契約獲得前のわたしにあって、今のわたしにないもの、ですね。『で、今、どこを目指しているの?』の答えがわたしにはありません!」
黒野「そうですよ。青井さんがさっき言っていた、ジムやエステは『で、今、どこを目指しているの?』の答えではない。得たい結果のようであって、そうではありませんよね。でも、もし、これが半年後に結婚式でウェディングドレスを着ることを得たい結果に設定していたらどうでしょうか?」
春香「間違いなく、ジムとかエステに行ってキレイにならなきゃ! と時間を投資して行動します」

黒野「そう。**ダラダラしてしまったのは単純に得たい結果が決まっていないから。**やったほうがいいのはわかっているけれど、やる気持ちになれなかっただけです」

春香「そうか〜。あ、でも、そうしたら、ダイエットして3キロやせるというのも得たい結果になりますよね。

だけど、仮に3キロのダイエットを目指すとしても、やらずに結局、家でダラダラしてしまってたと思うんです。それはなぜでしょうか？」

黒野「たしかにダイエットに失敗する人は多いですね。ただ、それは『得たい結果』が『誘惑』に対して**『感情の天秤』**で負けているだけの話ですよ」

春香「感情の天秤？　初めて聞く言葉です！」

黒野「当然です。初めて話しますからね。

人間は、常に『この時間で何をやろうかな？』という判断を感情の天秤で計っているんですよ。たとえば、今の話なら、得たい結果が3キロやせることだから、そのために今日は時間ができたからジムで運動しよう、とまずなりますよね」

黒野は胸元からペンを出して、紙のナプキンに天秤の図を描き、天秤の片方の皿に「ジムで運動したい」と書いた。

黒野「ただし、自分の時間の投資先は無数にあります。家でゴロゴロする。友達と食事に行く。スマホをいじる。動画を見る。ゲームをする……。特に現代人は、この選択肢が人類史上最多です。そうなった時に、**この空いているもう片方の皿にほかの選択肢をのせて、より感情が強いものに最終的に時間を投資すると、わたしたちは無意識で決めている**んですよ」

黒野は天秤の空いている皿に、「家でゴロゴロしたい」と書いた。

黒野「これを見てみてください。ジムに行って運動するのと、家でゴロゴロしたい。それぞれの感情の強さを10点満点としたら、『家でゴロゴロしたい』は、いくつですか?」

春香「え……7点ですかね」

黒野「では『ジムで運動したい』は?」

春香「5点くらいですかね」

心なしか、春香の声が小さくなったように思えた。

春香の答えを黒野は天秤のそれぞれの皿に書き込んだ。

黒野「ほら、何を優先しているのか一目瞭然ですよね」

黒野はニヤリとしながら、天秤の図を見せた。

黒野「**自分で決めた得たい結果は、この感情の天秤にかけた時に、簡単にほかの選択肢に負けてしまうものではいけない**のです」

春香「たしかに『家でゴロゴロしたい』に『ジムで運動したい』が負けちゃいましたね……」

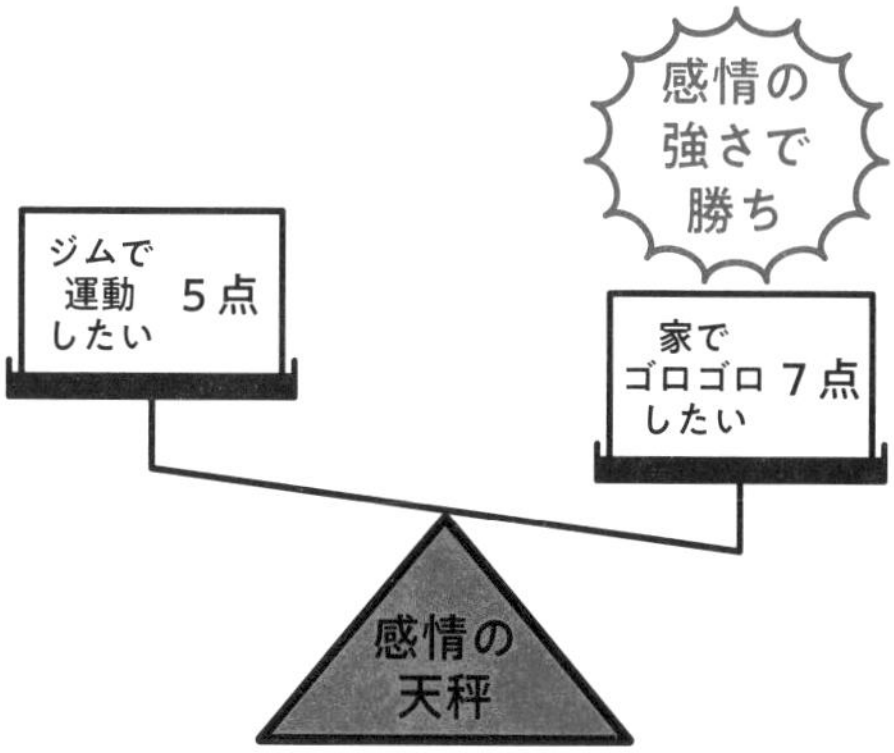

黒野　「ですから、やりたいと思っていることがあったら、この天秤の図を描いてみるといいですよ。そして、ダラダラするとか、やめたいのにやってしまっていることをもう片方の皿にのせて、点数をつけてみます」

黒野は中華テーブルを回して、マーボー豆腐を取った。

春香　「点数にしてみると、わたしの『ジムで運動したい』は5点だから、めちゃくちゃ弱かったですね」

黒野　「そうですね。まぁ、でもわかっていても動けなくて悩んでいる人間は多いですよ。ダイエット本を見ながら、ポテトチップスを食べてしまうというやつですね。ですが、それは**動けない程度の点数の動機なんだから、動けなくて当然**とも言えますけどね」

春香　「ぐうの音も出ません……」

落ち込む春香に、黒野はニヤッと笑った。

黒野　「落ち込むのは早いですよ。**自分がやりたいことが点数で負けてるなら、何を足せば点数が高くなるのか、考えればいいだけ**です。それだけで動けるようになります」

黒野は紹興酒を春香のグラスに注いだ。

黒野　「そして、最終的にこちら側の感情の強さが勝てば、ダラダラしたいとかの誘惑に打ち勝てるようになりますから、『やりたいのに動けない』ということはなくなりますよ」

黒野は感情の天秤の「ジムで運動したい」の皿を指さした。

春香 「でも、その上乗せしていく感情って、どうやって見つけたらいいいんだろう……。

先生、わたしにその感情の見つけ方を教えていただけませんか」

黒野 「仕方ないですねぇ。よく聞きなさい。

何かをする時に、単純に『ダイエットしたい』のように、『～をしたい』だけでは、感情の天秤にかけてもほかの誘惑に勝てない時は、感情を上乗せすればよい。

これは今言った通りですね。

それではその感情をどうやったら見つけることができるのか？」

黒野は軽く咳払いした。

黒野 「コツは大きく分けて2つです。

1つは**その行動によって自分にどんなよいことが起きるか、ということを考えてみる**ということ。

新規の大型契約を取るというゴールは、このタイプですね。1ヶ月半後の新規の大型契約を獲得すると決めた時に、青井さんはどんなことを考えていました？」

春香「ええと、あの時はその取引先の会社や担当の方が大好きだったので、その方々に喜んでもらいたい、その方々ともっと仕事をしていきたいという気持ちがすごく大きかったです」

黒野「それで？」

春香「もちろん社内的にも、自分のキャリアを作っていくうえでこの大型契約の獲得はとても重要だったので、そのためにもがんばろうという強い気持ちでした」

黒野「ほら。しっかりと新規の大型契約を獲得するというゴールに対して、感情の天秤でほかの誘惑に勝つだけの感情の重さがあるじゃないですか。

そしてこれは、先ほどの『その行動によって、自分にどんなよいことが起きるか』を想像していることにもなりますよね？」

春香「そうですね。知らず知らずのうちに、得たい結果を得られた未来のことを考えていました」

黒野「これと同じように、ダイエットをしたいのなら、どんなことが考えられますか？」

春香「ダイエットをして、起きそうなよい出来事ですか？

なんだろう、着たかったパステルカラーの服とか、ウエストが絞られたワンピースを着られる、とかかな？」

黒野「そうですね。ほかにも自分に自信が持てるようになるとか、若い頃と変わらないと言われるとか、モテることもあるかもしれないですね」

春香「たしかにダイエットして嬉しいことっていろいろありますね」

黒野「こうやって**出てきた理由を『感情の天秤』に上乗せしていけば、ほかの誘惑に総合点で勝てるし、ゴールに向かって行動できる**というわけです。この方法が、まずはおすすめですよ」

黒野は新たにナプキンに図を描いて、春香に見せた。

春香　「なるほど……」

黒野　「なんですか、全然納得していませんね」

黒野は春香にデザートの杏仁豆腐を渡した。

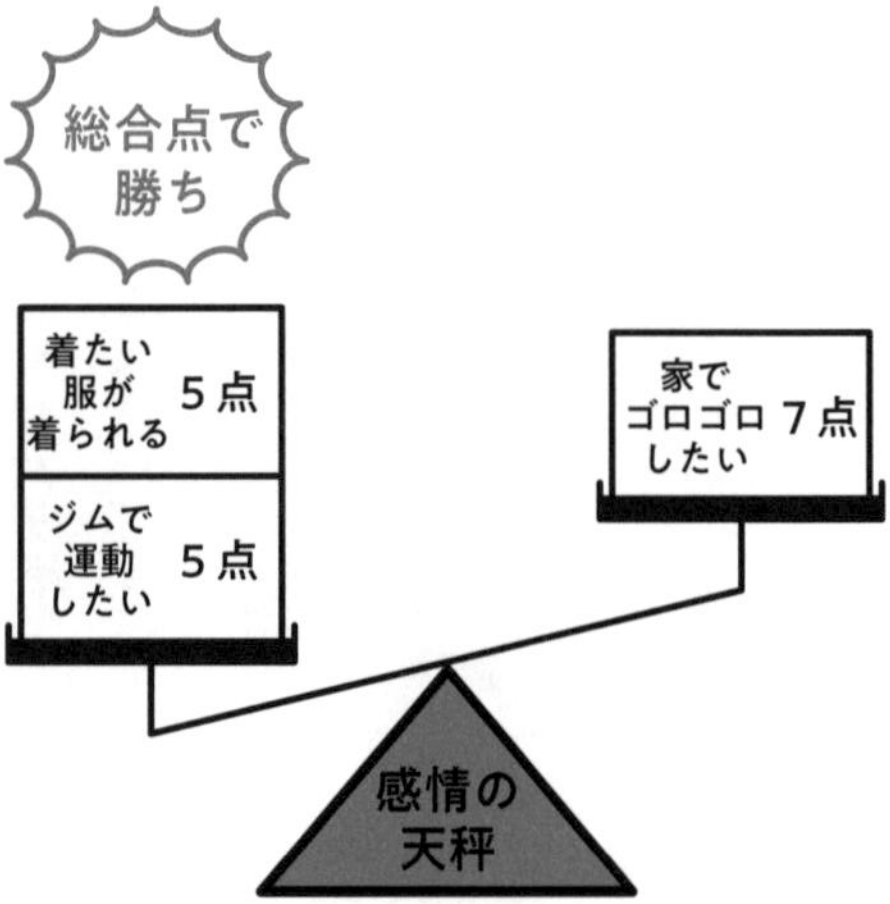

春香「ありがとうございます。……そうですね。上乗せの理屈はわかったんですが、どんなよいことが起きるのか想像できなかったり、想像したとしてもあまりワクワクしない時もあって。そこまで気持ちが動かない場合は、どうすればいいんでしょう？」

黒野「そんな時は2つ目のコツで解決ですよ。それは**『やらざるを得ない痛みを作る』**というものです」

春香「い、痛み⁉」

黒野「ちょっと大げさですが、そうなんですよ。ダイエットしたら着たい服を先に買ってしまうというのもこの方法ですね。先にお金を使ってしまっているので、やせなかったらそのお金がムダになってしまう。だからやらないといけないという状況を作るわけです」

春香「でも先生。わたし、買った服が安かったりしたら、『安かったし別にいいか』となりそうです」

黒野「それは、今日の教えの中に答えがありますよ」

春香は少し考えてから、ひらめくきっかけにならないかと杏仁豆腐を口にしてみた。

春香「……あっ！　理由を上乗せしてもダイエットする天秤が勝たないってことは、『安い服を先に買う』では理由が弱いんだ！」

黒野「その通り！『買った服が安かったからダイエットはしなくてもいい』『ダイエットよりケーキを食べたほうが嬉しい』。これはつまり、ほかの誘惑が感情の天秤でダイエットより勝ってしまっていますよね。

だったら、ほかの行動をせざるを得ない理由をまたプラスするだけですよ」

黒野はグラスに残っていた紹興酒を飲み干した。

黒野「たとえば行動しないわけにはいかなくなるほど『高額の服を買ってしまう』か、会社で『ダイエットします！』と宣言して、実現できなかったら何か罰《ばつ》ゲームを約束するとか」

春香「それが『やらざるを得ない痛みを作る』ですね？」

黒野「そうです。このやり方は、すぐ動きたい場合におすすめです。

ほかにもシンプルに、**『このまま今やろうとしていることをやらなかったら最悪どうなってしまうか想像してみる』**だけでも、感情の天秤に上乗せされる理由が浮かびますよ」

春香「よくわかりました。自分が思うように、時間投資できていない時は、『で、今、どこを目指しているの？』や、感情の天秤が今どうなっているのかに立ち帰りたいと思います」

春香はテーブルを回して、黒野にプーアール茶を渡した。

時間の神の教え

・動けない時は「感情の天秤」を書き出せ。

11

「趣味や娯楽が人生の目標でもいい」納得の理由

春香は、黒野にプーアール茶のおかわりを注ぎながら、疑問を投げかけた。

春香「先生、ふと思ったんですけど、得たい結果って、たとえば『温泉に行きたい』とか『ゲームをたくさんしたい』『好きなアイドルを応援したい』とかでは、やっぱりダメなんでしょうか？　好きなことだったら、すぐに動けるのにな～と思いまして」

黒野「青井さんは、どう思いますか？」

春香「なんかあまりにも『時間とは投資である！』とばかり考えてしまうと、趣味や娯楽に時間を使うのってダメなことなのかなと感じちゃうんですよ」

黒野はプーアール茶をひと口飲んだ。

黒野「温泉に行く、ゲームや好きなアイドルの応援をするという**趣味に時間を使うことで幸**

せだと感じるのなら、それはとてもいい時間の使い方だと思いますよ。なぜなら、そうした時間で、『楽しかった』とか『幸せだな』という感情や思い出を結果として得られていますから」

春香「そうですよね……」

春香は黒野の言葉を消化しようとしているが、何か引っかかっているようだ。

春香「ただ……自分で聞いておいて何ですが、たとえば、『自分の得たい結果は、趣味のゲームをたくさんすることだ！』という人がいたとしますよね。その場合、『俺はゲームをすることが得たい結果だから、仕事も家庭も省みない』となってしまって、なんだか幸せになるイメージがわかないいんですよね……」

黒野はハハッと笑った。

黒野「それは、その人間は時間の使い方をきっと大きく勘違いしているのでしょう。『できるだけ長い時間、趣味のゲームをする』が得たい結果だったとしましょう。その場合、正しい時間の使い方の考え方は、常に、人生の公式で説明ができますよね」

春香「『得たい結果 ＝ 投資した時間 × 行動レベル』ですよね？」

黒野「そうです。この場合なら、

得たい結果　＝　ゲームの時間を長く確保する

投資した時間＝ゲームの時間を長く確保するために行動した時間

行動レベル　＝　ゲームの時間を長く確保するための行動レベル

です。仕事を休んだり、家族を放っておいてゲームをするというのは、投資した時間も『０』、行動レベルも『０』ですから、『０×０＝０』です。

ゲームのために無断欠勤なんてしたら、そのうち会社をクビになり、生活できるお金もなくなるわ、家族からも見限られるわで、ゲームなんてしてる場合ではなくなりますから」

春香「なるほど。では、趣味や娯楽の時間をできるだけ長く確保したいという人は、どうすればいいのでしょうか？」

黒野「それは、シンプルにこの人生の公式通り考えればいいだけですよ。

得たい結果　＝　ゲームの時間を長く確保する

投資する時間＝ゲームの時間を長く確保しても、トラブルが起きないように、職場や家庭など、環境を整えることに使う時間

もしかしたら、副業などで収入を増やして働く時間を減らす努力も、ここに入ってくるかもしれませんね。

行動レベル＝ゲームの時間を長く確保するために、仕事やプライベートで関わる人と交渉する力や、副業ならその習熟度

こう考えれば問題が起きることもなく、趣味の時間を今までより長く確保することができるようになるはずですよ」

春香「わたし、高尾山に登ってから登山にハマって、今度、富士山に2泊3日で行きたいんです。これが得たい結果なら、金曜日に有給を取って3連休にするために前もって仕事を進めておくとか、同じ部署の人に根回ししておく、というのが、正しい時間の使い方でしょうか？」

黒野「そうです」

春香「では、これで登山という『趣味』を得たい結果にしてもＯＫですね！」

黒野「その通りです。飲み込みが早くなってきましたね」

春香「ありがとうございます。先生、もし何か追加で食べたいものがあれば注文してくれていいですよ」

春香は褒められて上機嫌だ。時間を投資するという考え方に対して、どこか肩の荷が降りたのかもしれない。

春香「そう考えると、少し気持ちがラクになりました。なんか、得たい結果って、趣味や楽しみではいけないのかなと勝手に思っていたので」

黒野「それはわたしがきちんと説明していませんでしたね。

人生で得たい結果なんて、人によって違って当然です。旅行が好きな人は旅行に行くために、音楽が好きな人は音楽を楽しむために、ＤＩＹが趣味な人はＤＩＹをするために、キャリアを積みたい人はそのために、**『今は、どんなことに、どれくらい時間を投資すればいいのか？』と、得たい結果に合わせて考えればいい**だけですよ」

春香「それを聞いてすっきりしました！　わたしがイメージしている幸せな人生って、キャリアだけじゃなくて、趣味の時間が欠かせないので」
春香は話に夢中になってすっかり冷めてしまったプーアール茶を一気に飲み干した。
黒野も春香の成長を嬉しく思いながら、食後のお茶を楽しんだ。

時間の神の教え

・自分の人生の時間を投資して、幸せになることが重要。

12

「自分時間が取れない人」の根本原因

白川「黒野先生、今、よろしいですか？」

電話は東都大学最先端人工知能研究所、通称「Tラボ」の所長である白川秀樹からだった。

黒野「おや、白川くん……いや、白川先生、どうしましたか？」

白川は、人工知能開発と人型ロボットの研究で20代で史上初、ノーベル化学賞と物理学賞をW受賞した日本が誇る世界的天才である。彼もまた、黒野の研究室の卒業生なのだ。

白川「最近、少し研究の進捗が滞っていて、投資している時間に対して思うような結果を得られていないのです。ここは先生に相談するしかないなと思いまして」

黒野「なるほど。さすが日本の頭脳ですね。困った時に誰に頼ればいいか、わかっていらっしゃる。いいでしょう、そちらに今から伺《うかが》いましょうか？」

白川「ありがとうございます！　お待ちしています」

郵 便 は が き

63円切手を
お貼り
ください

1	0	1	0	0	0	3

東京都千代田区一ツ橋2-4-3
光文恒産ビル2F

(株)飛鳥新社　出版部　読者カード係行

フリガナ ご氏名	性別　男・女 年齢　　歳
フリガナ ご住所〒 TEL　　(　　　)	
お買い上げの書籍タイトル	
ご職業　1.会社員　2.公務員　3.学生　4.自営業　5.教員　6.自由業 7.主婦　8.その他 (　　　)	
お買い上げのショップ名　　所在地	

★ご記入いただいた個人情報は、弊社出版物の資料目的以外で使用することはありません。

このたびは飛鳥新社の本をご購入いただきありがとうございます。

今後の出版物の参考にさせていただきますので、以下の質問にお答え下さい。ご協力よろしくお願いいたします。

■この本を最初に何でお知りになりましたか
1.新聞広告（　　　　　　新聞）
2.webサイトやSNSを見て（サイト名　　　　　　　　　　　　　　　　）
3.新聞・雑誌の紹介記事を読んで（紙・誌名　　　　　　　　　　　　　）
4.TV・ラジオで　5.書店で実物を見て　6.知人にすすめられて
7.その他（　　　　　　　　　　　　　　　　　　　　　　　　　　　　）

■この本をお買い求めになった動機は何ですか
1.テーマに興味があったので　2.タイトルに惹かれて
3.装丁・帯に惹かれて　4.著者に惹かれて
5.広告・書評に惹かれて　6.その他（　　　　　　　　　　　　　　　）

■本書へのご意見・ご感想をお聞かせ下さい

■いまあなたが興味を持たれているテーマや人物をお教え下さい

※あなたのご意見・ご感想を新聞・雑誌広告や小社ホームページ上で
1.掲載してもよい　2.掲載しては困る　3.匿名ならよい

ホームページURL http://www.asukashinsha.co.jp

＊＊＊

それからしばらくして、春香が黒野の研究室に顔を出した。

春香「先生、この前はお時間ありがとうございました〜！　……っていない。どこかに出かけてるのかな」

春香は研究室を見渡した。

春香「あれ、でもバッグがあるな……この感じだと外出というより、学内のどこかに行ってるのかな。少しここで待ってようかな……。ちょうどこの前も、得たい結果を考える時間を常に持てと言われたばっかりだし。次のゴールを考える時間にしよう」

春香は自分のノートを広げた。

＊＊＊

Tラボは近未来的なアーチ型でシルバー色を基調としたモダンな建物だ。まさに近未来といった感じの、地上8階、地下2階の日本の頭脳が集まる研究施設である。

白川に登録してもらった顔認証システムでゲートをくぐり、職員に所長室まで案内される途中、黒野はラボの中も垣間見《かいまみ》ることができた。

黒野「そんなに研究が行き詰まっている印象は受けませんが……おや？

すみません、あの女性研究員の方のお名前はわかりますか？」

案内してくれている職員が、千葉という名の研究員だと教えてくれた。


所長室に入ってしばらくすると、白川が現れた。

白川は茶褐色のさらさらの髪に、セルロイドメガネをかけ、研究用の白衣を着ている。

白川「先生、わざわざご足労いただきありがとうございます。

ご都合がよかったようで、助かりました」

黒野「問題ないですよ。かわいい教え子の頼みとあれば駆けつけるのは当然ですからね」

黒野はどこかご機嫌である。

黒野「で、投資している時間に対して、研究の進捗が得られていないと感じるというお話でしたが、どういうことでしょうか？」

白川「先生の教え通り、**『得たい結果＝投資した時間×行動レベル』**と考えて、この研究所の研究員を指導してきました。そのおかげでこのTラボは、世界最先端の競争力を持つ研究所になることができました」

それを聞いて黒野は嬉しそうに頬《ほほ》をゆるめた。

白川「しかし、ここ最近、僕も含めて、研究所の職員たちのパフォーマンスが落ちているように感じるのです。ここで言うパフォーマンスとは、投資時間に対して、得られる結果が落ちてきているという意味です」

黒野「なんと、白川先生までもですか。珍しいですね」

白川「そうなんですよ。先生もご存じの通り、人工知能の研究は日進月歩《にっしんげっぽ》で、チーム全員がパフォーマンス高く行動しなければ、とても諸外国との研究開発争いには勝てません。すでに、投資できる時間は最大限に確保しているつもりなので、あとは僕も含めて、研究員の行動レベルをさらに上げるしかないと考えています。ただ、行動のどこに問題があるのかがわからなかったので、先生にご相談させていただきたいと思いまして」

黒野「なるほど。さすが白川先生、**時間は最大限、投資しているのですね。**わかりました。では、改善ポイントを見極めてさしあげましょう。

で、どの方たちを見ればいいのでしょうか？」

白川「さっそく、ありがとうございます。先生に見ていただきたいのは、8階になります。ここには、この研究所の中でも最先端の理論構築と開発、検証を行っているメンバーがいます。言い換えれば、ここが機能しないとこの研究所も機能しない。日本の科学も前進しないんです」

黒野「いいでしょう、任せておいてください」

白川「先生の顔認証はすべてのフロアで登録しましたので、どこでも出入り自由ですよ」

黒野「ありがとうございます。今日はとりあえず、帰りがてら8階の様子を見てみますね。明日から1週間くらい時間をいただいてもいいでしょうか？

何かわかったら連絡しますので」

そう言うと、黒野は白川と別れて8階フロアに向かった。

黒野「なるほど。だいたい、予想はつきますが、明日からじっくり観察させてもらいましょうかね」

黒野はぐるっと8階フロアを1周すると、自分の研究室へ向かった。

＊＊＊

春香「先生、こんにちはー」

黒野が研究室に戻ると、春香が大きな声を出した。

黒野「うわっ、びっくりした！　青井さん、いたのですか」

春香「もう、どこに行っていたんですか？　ずっと待ってたんですからね」

黒野「待っていたのは青井さんの勝手ですよ。ちゃんとアポを取ってから来てください」

春香「近くまで来たんで寄ったんですよ。

先生を待っている間に『今の自分は何を得たいんだろうか？』って考えてました」

黒野「いい心構えですね。考えはまとまったんですか？」

春香「それがですね、『今すぐ得たい結果』ではなくて、『自分が人生の残り時間を投資して得たい結果』が浮かんできまして」

黒野「いいではないですか。教えてください」

春香「では、発表したいと思います」

春香は立ち上がって、胸を張った。

春香「わたしが人生の残り時間を投資して得たいのは、『疲れない、やりがいのある人生』です！」

春香はドヤ顔で胸を張って黒野のほうを見た。

黒野「疲れない、やりがいのある人生？……何でしょうか、それは？」

春香「そのまんまですよ。いろいろ考えたんですが、やっぱり人生は楽しく過ごしたいじゃないですか。プライベートももちろん充実させたいですし、できるだけやりたくないことはやりたくない。もちろん人間関係にも悩まされたくないですよね。それが、疲れないという言葉に込められています」

黒野「それで？」

黒野は何かに思いをはせながらも、春香を見ている。

春香「だからと言って、ラクをしたいわけじゃないんです。先生が前にわたしに言ってくれた通り、やりがいや達成感も、もちろん人生の時間から得たいと思っています。主に、仕事でやりがいをやっぱり感じていきたいんです。

そういったことをまとめて、『疲れない、やりがいのある人生』という言葉になったんです」

黒野「いいですね。**気に入っていないものを、得たい結果にしてはいけません**からね。だから、気に入っているのは、いいことですよ」

春香「それでこの『疲れない、やりがいのある人生』を叶えるために、日々、何に今時間を投資すべきかを考えていこうと思っています。これで合っていますか？」

黒野「合ってますよ。『疲れない、やりがいのある人生』を最終的な大きな結果と考えて、**『このゴールにたどり着くために今は何をすればいいか？』**を常に考えればいいと思います。

最終的な結果を目指して、そこにつながる今やるべきことを更新していけば、その連続が最終的に、青井さんの言う、『疲れない、やりがいのある人生』につながりますからね」

春香「本当ですか？　よかった～」

黒野「その『疲れない、やりがいのある人生』を実現していくには、当然、プライベートと仕事のバランスも大事になってきますね。そうするといよいよ行動レベルの上げ方についてお話ししないといけませんね」

黒野はホワイトボードに「人生の公式」を書いた。

【人生の公式】
得られる結果 ＝ 投資した時間 × 行動レベル

黒野「この間、赤坂くんが話してくれたこの式ですが、その中の『行動レベル』について覚えてますすか？」

春香「行動レベルはたしか、生産性の高さのことでしたよね」

黒野「そうです。その時、赤坂くんが、行動レベルの上げ方はそのうちわたしから教われと言っていたでしょう？」

うなずく春香を見て、黒野はさらに「人生の公式」と比較するように、「行動レベルによる違い」という式を書いた。

【行動レベルによる違い】
①投資した時間10時間 × 行動レベル1 ＝ 得られる結果10
②投資した時間5時間 × 行動レベル2 ＝ 得られる結果10

春香「はい。行動レベルを上げると、投資時間が少なくて済むんですよね。プライベートも仕事も充実させたいので、行動レベルの上げ方を教えてください」

黒野「プライベートも充実させるなら、仕事に投資できる時間が少なくなりますよね。それでも現在と同じか、それ以上の結果を残すのなら、今書いた式のように、削られた時間の分、行動レベルを上げる必要があるんです」

春香「行動レベル1とか2って言いますが、ゲームみたいに上がる基準ってあるんでしょうか？」

黒野「それは単純にこれまでの自分との比較です。1時間かかっていたタスクが、半分の30分でできるようになったら、行動レベルは2になったと言えます。さらに、20分でできるようになったら、最初よりかかる時間が3分1に減っているので、行動レベルは3になったと言えますね」

春香「なるほど。**行動レベルは過去の自分の生産性と比較すればいい**んですね！」

黒野「そうです。たとえば、やり方を勉強して行動のクオリティが上がることで、プレゼン資料を作るのが1時間から30分になった。料理を作るのが30分から15分になった。ブログの記事を1つ書くのが1時間から30分になった……何でもいいのですが、同じ結果を得るのに時間が減らすことができたら、行動レベルが上がったと言えます」

春香「たしかに、それは生産性が上がってますね。わかりやすい！」

黒野「ところで、青井さん、1週間後の18時は空いていますか？」

春香「ちょっと待ってくださいね」

春香はスマホを取り出しスケジュールを確認した。

春香「13日の金曜日の18時ですよね……。

この日は取引先に行かないといけないんですよ……」

春香は、少し考えるそぶりを見せた。

春香「でも大丈夫です。先生がわざわざ聞くってことは、きっとわたしにとって、すごく重要なんですよね？　なら、わたしのゴールである『疲れない、やりがいのある人生』に向かうために、この予定をずらします」

黒野「おっ、本当にいいんですか？」

春香「大丈夫です。この取引先は取引額が大きいわけではないですから、問題にならないギリギリのラインとしての訪問頻度は、2週間に1回なんです。ですから大丈夫です。

わたしは最近、自分の得たい結果にちゃんと時間投資できる環境を少しずつ作ってるんです。来週の金曜日、どうぞよろしくお願いいたします」

なんとも心強い、春香の返答だった。

黒野「では、来週金曜日の18時、Tラボに集合です！」

春香「えっ！　あの天才、白川秀樹教授のTラボですか？」

黒野「そうです。そこで、行動レベルについて教えてさしあげましょう」

黒野は人差し指を立てて、任せておけと言わんばかりにポーズを決めた。

時間の神の教え

・投資時間が減っても「行動レベル」を上げればいい。

13 断る練習が人生を変える

1週間後、黒野と春香は、Tラボの所長室にいた。

黒野「白川先生、電話でお話しした後輩の青井さんです」

春香「はじめまして、青井春香と申します。今日はお邪魔させていただきありがとうございます。お会いできて光栄です。まさか、白川先生が、黒野先生の教え子だったとは……」

春香は芸能人に会ったかのような表情をしている。

白川「青井さん、よろしくお願いします。こちらこそ、後輩に会えるのは嬉しいです」

黒野「後輩と言っても、2人とも年は同じくらいではないですか?

まぁ、白川先生は飛び級で、大学を卒業したのは18歳の時ですけどね」

春香「そ、そうなんですか。お若いことは知ってましたが……」

白川「まぁ、そんなことは置いておいて……。お2人の貴重なお時間をいただいているので、さっそく本題といきましょう」

黒野「そうですね。白川先生、電話でお願いしていたものは準備してくれましたか？」

白川「ええ、もちろん。1週間分の8階の防犯カメラの映像から、先生が指定された日時のものをすべて準備させておきました」

春香「防犯カメラの確認？　刑事ドラマみたいですね。でも、なんで？」

黒野「実は今日、白川先生を含めたTラボの研究員のパフォーマンスが落ちてきている、という相談の答えを伝えに来たんです。その説明に防犯カメラの映像が必要なわけですよ。で、答えが行動レベルにも関係する話でしたから、青井さんにもちょうどいいと思って、お誘いしました。

あ、ちなみにパフォーマンスとは、『同じ時間からどれだけの結果を得られるか』と考えてください」

春香「得られる結果（パフォーマンス）＝投資時間×行動レベルですよね」

春香はメモを取りながらうなずいた。

黒野「それでは、さっそく、はじめましょう！　最初に言っておきますが、本当にささいなことでしたよ。青井さんにもできるくらい、簡単なことでしたから」

春香は「どういう意味ですか……」と少しふてくされているようだが、黒野は華麗にスルーして話を続けた。

黒野「では、火曜日の13時37分の動画を流してくれますか?」

モニターに映像が映った。

白川「あ、千葉さんだ。何か、依頼されてますね……」

黒野「そうですね。次に、木曜日14時15分の映像をお願いできますか?」

白川「また千葉さんですね。今度も何かお願いされてるような……」

黒野「次が最後です。先週の金曜日、20時47分の映像を」

白川「また千葉さんですね。帰り際に里崎主任に呼び止められてますね」

黒野「その通りです。この3つの映像に共通していることは何でしょう?」

黒野は立ち上がり、「クエスチョン・タ－イム」といつものセリフを叫んだ。

白川「それ、懐かしいですね」

黒野「でしょう?　それでは、白川先生、答えをどうぞ」

白川「『千葉さんが何かをお願いされている』ですか?」

黒野「その通りです。実は昨日、千葉さんに時間をいただいて話を聞いてみました。

なんだかいろいろとお願いされていて大変ですね、と」

白川の眉がピクリと動いた。

黒野「白川先生、研究員全員のパフォーマンスが落ちているとは思っていないですよね？　わたしの目から見ても、パフォーマンスが高い研究員と、そうでない研究員が混在してるようでした」

白川「その通りです。先に誰がパフォーマンスが落ちているかとお伝えしてしまうと、先入観を持たれるかと思って黙っていました」

黒野「言われなくてもすぐにわかりましたよ。白川先生がパフォーマンスが落ちているのではと気にしていた1人は、千葉さんですよね？」

白川「ご名答です」

黒野は人差し指を立てて、いつも通り自信満々の表情を見せた。

黒野「千葉さんのパフォーマンスが落ちていたのは、彼女のせいではありません。人がよくて、周りから担当していないことまで断れずに引き受けすぎていたのです。

そのせいで、本来、自分がやるべきこと、重要なことに時間を割けなくなっていました」

白川「たしかに、千葉さんは人がいいだけでなく、優秀ですからね……。みんな頼みごとをしてしまう。

でもそうなると、『人生の公式』の考え方から行くと、自分のやるべきことに投資できる時間が少なくなってしまいますね。そして、その結果、当然得られる結果は少なくなる……」

白川は右手で頭をポリポリとかいた。

春香が手をあげた。

春香「あの……でもそれって、単純に千葉さんの性格や能力だけが原因でしょうか？」

春香は話しても大丈夫かというように、白川の顔を見た。

白川「青井さん、どうぞ話を続けてください」

春香「ありがとうございます。人からの頼まれごとって、わたしも経験あるんですけど、相手が上司や先輩だったら断れないこともあります。もし、いつも断っていたら、職場で自己中心的な人に思われてしまいそうです。だから、みんな、なかなか断れないんじゃないかなって」

黒野「いい意見ですね。わたしもそう思って、千葉さんにどんなことをお願いされたのか聞いてみました」

黒野には春香の疑問はお見通しだったようである。

黒野「すると、ほかの研究員のデータを取りまとめる手伝いや、自分の担当以外の実験の報告資料の作成が多かったようですよ。自分が担当していたり、プロジェクトメンバーとして参画しているものでなければ、断っても問題はないですよね？　白川先生」

白川「黒野先生の言う通りです。研究員は自分の担当セクションでどれだけ成果をあげたかで評価されるので。マネージャークラス以外は、ほかの人の面倒を見なくちゃいけないなんてことはありませんから」

黒野「人がいいタイプにありがちなのが、断っても問題ないことを断れず、頼まれごとで自分の投資時間を奪われる、ということです。

自分が今、得たい結果につながることに時間を投資することよりも、人から依頼されたことを優先して、そちらに時間投資してしまう。

結果、自分の仕事に投資できる時間が少なくなり、得られる結果が少なくなる。下手したら、超過労働になり、自分の仕事の時間はもとより、プライベートの時間まで犠牲にしなければいけなくなるという負のループに入ってしまいますね」

春香「なんかこの問題って、Tラボだけじゃなくて、世の中のいろんなところでも起きがちですよね。うちの会社でも起きてますし」

黒野「目のつけ所がいいですね。青井さんの場合はどんなことを頼まれたりしますか？」

春香「今回の千葉さんのように、担当業務外のヘルプとか、残業や休日出勤もありますよね。無関係な会議への参加依頼もありますし、上司の代わりに他部署に報告してくれとか言われたりもします。これって職場だけじゃなくて、友達でも、頼まれたり誘われたりして、イヤだけど断れない場面は多いかな、と思います」

黒野「友人関係やチームで協力するようなことがあったら、そうしないといけない時もあると思いますよ。もちろん、**自分に余裕がある時であれば、人の手助けをしたって悪くない**とも思いますしね」

黒野は、この考え方はケースバイケースであるとつけ加えた。

春香は眉をひそめながら首をかしげた。

春香「わたしも、先生に助けを求めていなかったら、千葉さんのようになっていた気がします。人から頼まれたことにNOと言うこと自体が、なんか気が引けるんですよね」

白川「たしかに、特に日本人には、断るのが苦手な人が多いですね。千葉さんには自分の担当業務に集中させてあげたいですね……。時間は限られてるんですから。

所長として、僕が至《いた》りませんでした。研究員に自分でできることは自分でするように、指導します。もちろんケースバイケースだということも踏まえて」
白川は少しため息をつき、黒野の目を見た。
白川「そのうえで、千葉さんのように、人からのお願いを断ることが苦手な人には、僕は所長として、どのようなアドバイスをしてあげればいいのでしょうか?」
黒野「今、教えますね。それでは白川先生に質問です。クエスチョン・ターイム」
もう誰も反応しなくなってしまった。
黒野「消火訓練していた場合と、していない場合、どっちが実際に火災が起きた時、スムーズに消火器を使えると思いますか?」
白川「当然、消火訓練をしていた場合です」
黒野「ではなぜ、消火訓練をしていた時のほうが、スムーズに消火器を使えるのでしょうか?」
白川「それはあらかじめ、消火器のある場所まで行ったり、消火器の使い方の練習をしているからです。
そうか……そういうことか!」
さすが、天才・白川秀樹。何かに気がついたようである。

春香「えっ、どういうことですか？」

黒野「いいですか。火災というトラブルは、千葉さんの場合なら、『人からお願いされること』です。消火訓練で事前に練習するから火を消せるのであれば、千葉さんにも、**人からお願いされる前に断り方を決めて練習してもらえばいい**んです。

たとえば、担当外のことを依頼されたら、『わたしの専門知識ではお役に立てないから、ほかの人のほうが適任だと思います』と言って断る、と決めておくようにします」

春香はようやく理解したようである。

春香「たしかにそれなら、気の弱いわたしでも断ってみようかなという気にはなりますけど……」

黒野「誰が気が弱いんですか」

春香「失礼ですね～。わたし、こんなにか弱いじゃないですか……ゴホッ」

春香は少し咳き込んだ。

春香「とにかく、**事前に断り文句を準備して練習をしていても、断るのが苦手な人は実行できないこともある**と思うんです。人からの依頼を断っても大丈夫なやり方というか、大丈夫だという後押しがもう少し欲しいですね」

黒野　「なるほど……では白川先生、ハーバード大学のエレン・ランガーの研究結果を青井さんに教えてあげてくれませんか」

白川　「ああ、たしかに。あの研究は背中を押してくれますね。わかりました」

白川は立ち上がった。

白川　「これから話すのは**『ゼロックス研究』**と言われる1978年の有名な研究だよ。コピー機を使いたくて並んでいる人に割り込んで先に使わせてくれと頼んだ場合、人はどんな反応をするか？　ということを検証したものなんだ」

白川は所長室のホワイトボードに3つの選択肢を書いた。

①すみません。5ページあります。急いでいるので、コピーを取らせてもらえませんか？

②すみません。5ページあります。コピーを取らせてもらえませんか？

③すみません。5ページあります。コピーを取りたいので、コピーを取らせてもらえませんか？

白川　「この①の理由を言うお願いの仕方をしたら、94%の人が使っていいと言ってくれたんだ。つまり、**『理由を言えば、たいていの人は受け入れてくれる』**ということがわかった。
　だから、事前に断り文句を準備しておいて、さらに、『なぜ手伝えないのか』という理由も準備しておけば、大丈夫ということだね。たとえば、『今、手が放せないので』とか『今、集中しているので』とか」

春香　「そうなんですね！　それなら、準備していた断り文句も少しは安心して使えますね」

白川　「そうだよね。でも、驚くのはまだ早いんだよ。
　②と③の頼み方もあるけど、青井さんは、それぞれどのくらいの人が受け入れてくれたと思う？」

春香　「うーん。②は理由を言ってないですし、③は理由になってない理由なので、どちらも承認してくれた人は20%もいなかったんじゃないでしょうか？」

白川　「やっぱりそう思うよね。でも実際は、②でさえ60%の人が受け入れてくれたんだよ。さらにまったく理由になっていないと青井さんが言った③に至っては、①とほぼ同じ、93%の人が受け入れてくれたんだよ」

春香　「本当ですか!?　……ということはたとえば気乗りのしない飲み会に『行けないので、

欠席です』とかでも断れるってことですよね。そんな理由で人って受け入れてくれるものなんですね」

白川「ちょっと信じがたいよね。でもこれが実際の結果なんだ。どうだろう？　これで断り文句を実際に使う後押しになったかな」

春香「はい、なりました！　それどころか、なんで今まで理由をつけて断ってこなかったんだろうと若干後悔しています」

白川「そうか、それはよかった。ということでよろしいですかね？　黒野先生」

白川はにこっと笑って、黒野のほうを振り返った

黒野「ＯＫです！」

春香「これは貴重な投資時間という資産を、ほかの人に奪われないよう自分で防衛するってことですね」

黒野「そう、**断り文句を準備するのは、確保した時間をほかのことに取られないようにする策**です。**お金を金庫に入れて取られないようにするのと同じ**です。

ちなみに青井さんは何か断る理由を思いつきましたか？」

春香「この結果から、**何でも理由になるってわかった**ので、『今、余裕がないので』とか『今日中にやらなきゃいけないことがあるので』とか極端な話、『今、体調が悪いので難しいです』とかでもいいってことですよね」

黒野「上出来です。冴《さ》えてるじゃないですか！」

春香は断り文句をノートに書いていたが、いきなり声をあげた。

春香「あれっ？」

黒野「なんですか？」

春香「たしかに研究結果はそうかもしれませんけど、でも、上司からお願いされた場合とかは、これで通用するんでしょうか？ うちの課長だったら『理由なんて関係ない！ いいからやれ！』とか言いそうですよ」

黒野「それはシンプルに、相手が上司だろうと、理由をつけて**『できないものはできないんです』**と言えばいいんです。**自分の人生の大切な時間ですから、何人《なんびと》たりとも奪わせてはいけませんよ**」

白川「まぁ、そうは言っても、現実問題としてなかなか難しいですよ」

すかさず白川が助け舟を出してくれた。

白川「青井さん、こうすればいいんじゃないかな。『今、課長が重点課題としていた○○について取り組んでいるところですが、今、ご依頼されたものを受けてしまうと、○○の仕上がりが遅くなってしまいます。それでもお受けして大丈夫でしょうか？』とか。**『自分に頼まないほうが、あなたにとってメリットがある』と伝えれば、回避できる**と思うよ」

春香「なるほど……！　伝え方って本当に大事ですね。さすがです」

黒野「そうでしょう、これもわたしが教えたのですよ」

なぜか、黒野がドヤ顔をしていた。

黒野「ここまでは投資時間を人に奪われないようにするためのお話でしたが、万が一、投資時間が減ってしまった場合のこともご説明しましょう」

春香「ついに、行動レベルに関するお話ですか？」

黒野「その通りです。青井さん、勘がいいですね」

黒野はニヤッと笑って、人差し指を立てた。

時間の神の教え

・断る練習をして、自分の投資時間を守れ。

14

「天才がスマホを持たない」驚きの理由

黒野「では、続けましょう。白川先生、映像を月曜日の14時52分にしてもらえますか？」

白川「はい……これは、佐々木さんですね」

黒野「彼の視界に入っているものは何か、よく見てみてください」

白川は黒野に言われた通り、目をこらして映像を見た。

白川「特に不自然なものはないかと思いますが……」

黒野「では、翌日、火曜日の16時07分にセットしてもらってもいいでしょうか？」

そこにも佐々木研究員が映っていた。

黒野「佐々木さんの視界に入っているもので、前日と同じものは何がありますか？」

白川「前日と同じものは、えーと、机、パソコン、ペン、ノート、資料、スマホ、時計、本、ファイル、壁、電球、窓の外の景色、棚……ですかね」

黒野「では今、言ったことを忘れないように、メモしておいてください。映像はさらに翌日の水曜日13時21分に」

白川はメモもせず、映像を変えようとした。

白川「これくらいのことなら、メモなしでも余裕で覚えられますから大丈夫です」

青井春香は「これが天才か」という顔で白川を見つめている。

ここで、映像に映る人物が変わった。

白川「これは龍崎さんですね」

黒野「そう、白川先生の右腕の龍崎准教授ですね。龍崎先生の視界に入っているものを言ってもらえますか?」

白川「机、パソコン、ペン、ノート、資料、時計、本、ファイル、壁、電球、窓の外の景色、棚……ですかね」

黒野「さぁ、白川先生、気がつきましたか? 佐々木さんの視界に入っていて、龍崎先生の視界にないものは何ですか?」

黒野はニヤリと笑った。

白川「スマホですね。でも、それが何なのでしょうか?」

白川は不思議そうだ。

春香も「スマホくらい、誰でも手の届く場所に置いてるじゃん」と思っているようだ。

黒野「そう、佐々木さんの視界にはスマホがあります。

でも、龍崎先生の視界にはありません。

ちなみに、白川先生は龍崎先生が研究所にいる時、自分のスマホをどこに置いているか知ってますか？」

白川「もちろん。彼は昔から、鍵のかかったロッカーの中にスマホを置きっぱなしにして、研究に没頭するんですよ」

黒野「さすが龍崎先生ですね！

そうです。スマホが手元にあると、気になって、注意力が散漫になるでしょう。

それだけならまだいいのですが、そんなレベルの問題ではないのです、これが」

春香「どういうことですか？」

黒野「**スマホが人体の近くにあるだけで、認知能力が著しく低下するんです**。

認知能力とは、読み書きしたり考えたりする力ですから、行動レベルが低下するということですね」

春香「それってスマホが体の近くにあるだけで作業レベルが落ちるってことですか？　スマホを見なくても？　信じられませんが、エビデンスがあるんですか？」

黒野「もちろんです。テキサス大学のマコームズ・スクール・オブ・ビジネスの調査で、**スマホが机の上など人体のそばにあるだけで、しかも電源を消していても、認知能力が著しく低下することがわかった**んです」

白川が驚きを隠すことなく立ち上がった。

白川「電源が切ってあってもですか！」

春香に至っては、驚きすぎて声も出ない。

黒野「実は、この調査では、**スマホを別の部屋に置いていた人たちは、手元に置いている人たちよりも成績がよかった**ということもわかりました。つまり、**スマホを自分から遠い場所に置けば置くほど、パフォーマンスが高くなる**というわけですね。龍崎先生が優秀なのは、これも大きいでしょうね」

白川「なるほど！」

黒野「ちなみに、白川先生は自分のスマホは今どこにありますか？」

白川「えっと……あれ、ないぞ？」

白川は白衣やズボンのポケットをゴソゴソと探した。

春香「あっ！　たぶん家ですね！」

白川「い、家ですか？」

春香がスマートフォンを手に持ちながら聞いた。「天才はスマホとの距離が遠すぎる……」とつぶやいている。

白川「たいてい家に置きっぱなしにして来ちゃうんですよね。あんまり必要ないから」

白川は何の不都合もないと言った表情だ。

春香「でも、お仕事の連絡とか、もちろんプライベートでもスマホがないと不便じゃないですか？」

白川「周りも僕がこうだって知ってるから、基本はメール連絡なんだ。メールは研究の邪魔もしてこないしね」

春香「そうですか……」

春香は、こっそり自分のスマホをバッグに隠そうとした。

黒野「そこのスマホを隠そうとしている方、どうしましたか？」

春香「どうせ、わたしはいつもスマホを片時も手放せない女ですよ」

白川「まぁまぁ。現代人は誰だって手の届くところにスマホを置いてますよ」

白川が優しくフォローをしてくれた。

黒野「それでは、解説を続けますよ」

黒野はスルーして説明を続けた。

黒野「**認知能力が下がるということは、『人生の公式』のうち、行動レベルがものすごく下がるということ**ですね。

そうすると、いくら時間を投資しても、仮に元々の自分の行動レベルを1とした場合、スマホのせいでレベル0・5になってしまうこともあるということです。それでは、行動レベル1の時と同じ結果を得るためには、倍の時間を投資しないといけなくなってしまいます。

せっかく苦労して確保した投資時間が水の泡ですね」

黒野は立ち上がって、ホワイトボードに図を描いた。

得たい結果 ＝ 投資時間 × 行動レベル

例「10」という結果が欲しい

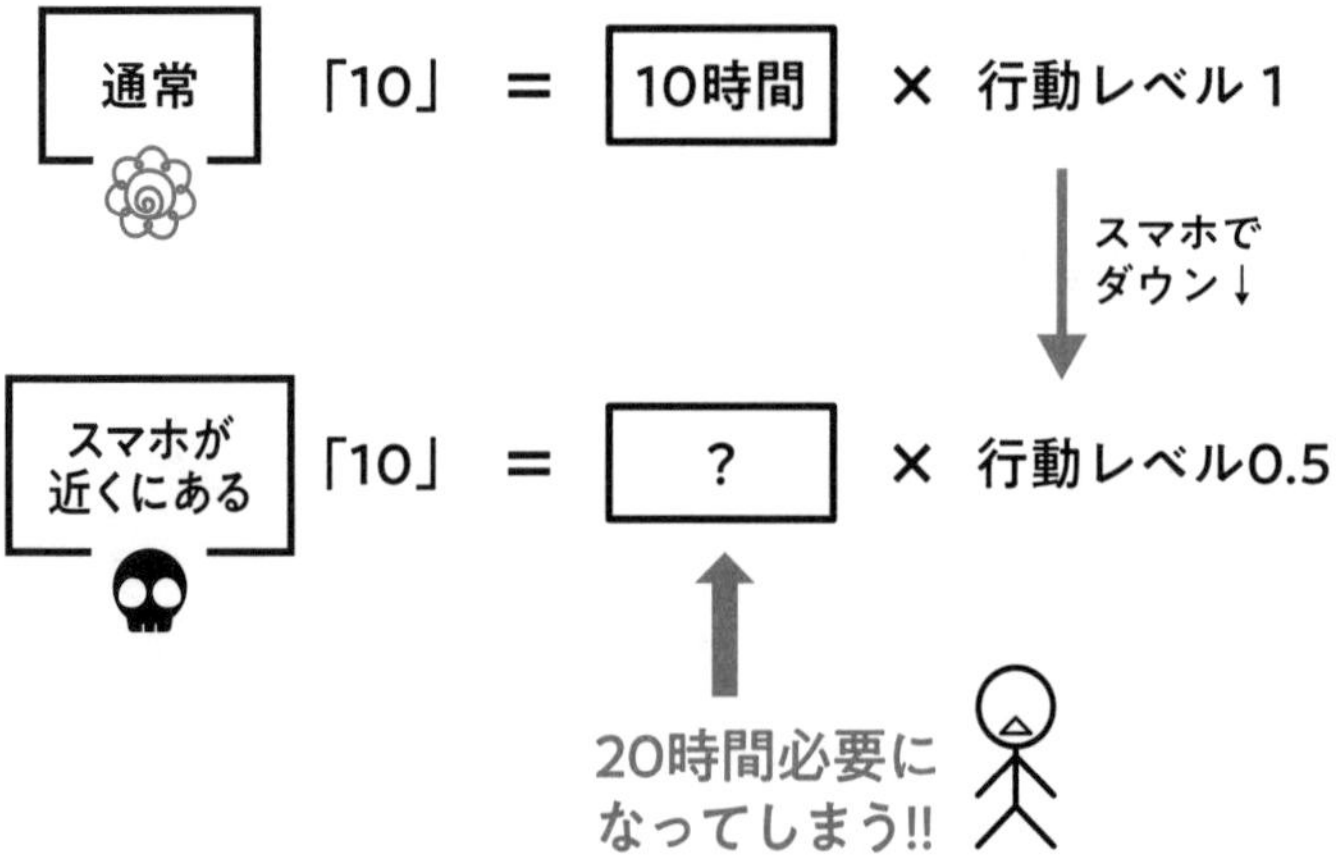

春香が、何かを発見したかのような顔で黒野に問いかけた。

春香「先生、待ってください！　ということは、わたしも仕事をする時にスマホをロッカーにしまうだけで、今よりも認知能力が上がって生産性も上がり、行動レベルが1から2になるってことですか？」

黒野「そうです」

春香「行動レベルが2になれば、投資する時間は今までの半分で済みますよね」

黒野「そうです。

まぁ、行動レベルが2になると生産性が2倍になるかどうかは、人それぞれですが。

でも確実に、今までよりも少ない投資時間で、同じ結果が得られることは間違いないです」

春香「スマホをしまうのはバッグとか机の引き出しの中でもいいんですか？

うちの会社はロッカーがないし、別室に荷物を置くこともできないんです」

春香は「疲れない、やりがいのある人生」を手にするのにこの話が効果的だと思ったのか、食いつきが半端ではない。

黒野「ベストは研究結果の通り、別の部屋ですね。ただ、**バッグや引き出しの奥に隠すのも、**

机の上で視界に入るよりはよっぽどいいと思いますよ」

春香「ちなみに、これって、プライベートでも同じですか？　たとえば、本を読む時とか、ネットの映画を見ている時とか、英語の勉強をする時とか……」

黒野「そうですね。プライベートでも、認知能力をフルに使いたいなら、スマホは別の部屋に置いて、最低限、視界に入らないところに隠すと、かなり効果的でしょうね。本や映画はより深く楽しめるでしょう」

黒野は、白川に視線を移した。

黒野「佐々木さんの行動を見ていると、ほかの人よりスマホが視界に入る頻度がものすごく多いですね。だから、パフォーマンスが落ちているのだと思います」

白川「なるほど。佐々木さんだけではなく、全員に効果がありそうなことですね。実は、僕も、スマホを持っている日は集中力が続かないんですよね……。だから、パソコンのメール主体にしたんですけど。

もしかしたら、僕自身のパフォーマンスが落ちていたのも、スマホが原因の1つだったのかもしれませんね」

時間の神の教え

・スマホは遠くに置いて作業をしろ。

15 天才の休憩法

黒野　「佐々木さんですが、もしやここまで身近にスマホを置いてると、**休憩時間にはスマホをいじってるのではないですか？**」

黒野の言葉に、さすがに「もう二度とスマホを視界に置いて仕事はしない！」と決めた春香も反応した。

春香　「休憩時間に1人だったら、たいていの人がスマホをいじってると思いますよ」

黒野　「まぁたしかに、今の世の中、休憩時間にスマホをいじっていない人間を見つけるほうが難しいかもしれないですね……。でも休憩は、仕事の集中力を取り戻すための重要な時間なんですよ。ちなみに、白川先生は休憩時間に何をしてますか？」

白川　「僕ですか？　デスクで軽く寝てますね」

春香は椅子から転げ落ちそうなほど驚いたようだ。

黒野「寝る以外に、休憩の時にしていることはありますか?」

さすがといった感じで、黒野は白川に聞く。

白川「そうですね……あとは、天気がいいと窓から富士山が見えるので、遠くをボーッと見たり、スクワットしたり、近くをウォーキングしたり、ストレッチしたりしてます。ダメですかね?」

黒野「いいえ、完璧です。ちなみに、スマホをいじることは?」

白川「家に置いてきているので、ほとんどないですね」

春香「黒野先生、休憩中ならスマホを見ても問題ないですよね? 行動レベルが落ちるのは作業中の話なんじゃないですか?」

黒野「それが、『行動レベルを落とさない』という観点から言うと、大問題なんです。

なぜなら、**仕事で疲れている脳がますます疲れる**からです。

人間の脳は、視覚からの情報処理に約80~90%もキャパシティーを使っていると言われているんですよ。だから、休憩時間にスマホを使うと、脳は全然休んだことにはならないのです」

春香「えええ! スマホをボーッと眺めるのは休んでるつもりでした」

黒野「いやいや。ボーッと眺めようと真剣に見ようと同じです。休憩を脳のパフォーマンスを上げるためには時間ととらえるなら、脳を休ませないといけないわけです。**一番いいのは、目を閉じること**。視覚情報をシャットアウトして脳を休ませるのです。だから、白川先生の『寝る』は大正解です」

春香「先生、今日からわたし、休憩時間には目をつぶります……」

春香は少しうなだれている。

黒野「いいですね。そうすれば、今までは午後、脳が疲れて行動レベルが落ちて時間がかかっていたことも、行動レベルが落ちずに済んで、今までより少ない時間で結果を得られるようになりますから」

春香はノートに**「休憩時間もスマホを見ない。目をつぶる」**と書いた。

黒野「もし目を閉じられない状況でしたら、白川先生みたいに遠くを見たり、スクワットもアリですよ」

春香「会社の近くに山はないけど、花が咲くミニガーデンはあるな……。スクワットも10回くらいならデスクのそばでできるかな」

黒野「それでいいですよ。自然を見ればストレスも減りますし、スクワットは体の血流がよくなるから、脳疲労も軽減されますしね。

それにしてもさすが白川先生。天才と言われるだけに、本能でわかってるんですねぇ」

白川「ありがとうございます。やっぱり休憩の仕方は大事ですね。休憩の取り方で行動レベルが下がってしまうのを防げるのであれば、効率的な時間投資ができますね。

強制はしませんが、所長としてみんなにパフォーマンスを維持するための休憩時間の過ごし方を提示していきたいと思います」

黒野「とてもいいと思いますよ」

春香はやりとりを聞きながら、自分のノートに「時間の投資の考え方は、まだまだ改善できる」と書き込んだ。

時間の神の教え

- 休憩時間は、スマホを見るな。目をつぶる。遠くを見る。スクワットをする。

16 「気になったメモ」で時間が増える

白川は、春香が自分の気づきをメモしているのを見て感心したように言った。

白川　「青井さんは、忘れないようにしっかりとメモをとっていてすばらしいですね」

春香　「そんなことないですよ。白川先生のように、メモなんかしなくても全部覚えられる人がうらやましいです」

黒野　「メモの力をちゃんと使うことができれば、行動レベルを上げることにもつながりますから、メモも捨てたもんじゃありませんよ。

この話はTラボのパフォーマンスアップにもつながると思うので、しておきましょうか」

白川　「うちの研究員たちもそれなりにメモを活用しているとは思うんですが……」

黒野　「メモを活用している人は多いですよね。でも、行動レベルを上げるメモの活用の仕方が2つあるんです」

黒野はホワイトボードにこう書いた。

①気になったメモ

黒野「**『気になったメモ』とは、名前の通り、何かをしている時に気になったことが頭をよぎったら、よぎった内容をメモするだけのことです**」

春香「それって、たとえば会社でデスクワークをしている時に、『明日、課長に有給の話をしなきゃ』と思ったら、『課長に有給の話をする』とメモするだけでいいんですか?」

黒野「そうです。なんなら、ご自宅で本を読んでいる時に、『洗剤買いに行かなきゃ!』と思ったら、それをメモするだけでOKですよ」

春香「『あの動画を見たい!』とか『友達にLINEしなきゃ!』『明日の夕飯、あれにしよう』『SNSチェックしないと』『彼はどうしてるかな』とか、とにかく何か頭をよぎったら、メモすればいいということですか?」

黒野「そうです。単純に、今気になったことをメモするだけですから、Tラボの研究員なら、たとえば、実験中に『あとでメールを返信しないと』と思ったら、メモして、また実験を続ける。そんな感じですね」

白川「なるほど。僕は思いついたアイデアを忘れないように、ひらめいたらすぐにメモするんです。でも、アイデアだけじゃなくて、『明日○○先生にメールしなきゃ！』とか『経費精算しないと』と思ったことも、今やる必要がないことは、頭で覚えておくのではなく、いったんメモ用紙に書くということですね」

春香「先生、でもなんで気になったことをメモするだけで、行動レベルが上がるんですか？」

黒野「いい質問ですね。実は『気になったメモ』は、心理学では**『未完了メモ』**と呼ばれているんです。文字通り、「まだ完了していないタスク」のメモですね。これは科学的にも効果があることが証明されています。

社会心理学者のロイ・バウマイスターが行った実験なんですが、2つのチームの片方には未完了メモを作ってもらって、もう1つのチームには未完了メモは作ってもらいませんでした。その状態で、それぞれのチームのメンバーに小説を読んでもらったのです」

春香「それで？」

春香は興味津々である。

黒野「すると、小説を読む前に未完了メモを作ったグループは、作っていないグループよりも小説に集中することができて、読んでいる最中も、ほかに注意がそれにくくなったことがわかったんです。

人間の脳はすでに完了したタスクよりも、未完了や中断されたタスクに意識が向いてしまう性質があるんです。だから、**未完了のタスクをメモすることで、脳に『これは完了』と思わせて、注意力が散漫にならないようにする**という仕組みなんです」

春香「なるほど……。たしかに、仕事中に『あとでA社の取引状況を調べなくては』とか、違うことが頭をよぎってしまうと、そっちが気になって目の前の業務に集中し切れない時があります。そういう時は、『A社の取引状況について調べる』とか書くだけでいいってことですね」

黒野「そうです。今は別のことをしているわけですから、気になったことはいったんメモしておくんです」

春香「あ、でもわたし、紙に書くのがめんどうで、スマホにメモする時もあるんですけど、それでも大丈夫ですか？」

黒野「スマホにメモでもいいですよ。メモの目的は、『気になったこと』をいったん完了だと脳に思わせて、今やっていることに集中させることですから。それで行動レベルの低下を防ぐことになりますよね。何かが気になって集中できないと、確実に行動レベルは落ちますから。ただ紙にメモするほうが脳には強く作用しますし、先ほども言った通り、スマホは認知能力の低下にも関わりますから、できる限り紙にメモしたいですね」

春香「わかりました！　なるべく紙にメモします。でも、このメモがあんまりたくさんあると、逆にそれがストレスになってしまうような気もするんですけど……」

黒野「それはこれまで教えてきたことで解消できますよ？」

春香「うーんと、問題の起きないギリギリのラインを見極めるということですか？」

黒野「そうです。青井さんが言った通り、**問題の起こらないギリギリのラインを見極めて、場合によっては、やらないと決め、メモを捨てる、というのもアリ**ということです。

それでも、ほかの『気になったメモ』が目につくことによって、集中力が落ちるのなら、目が届かないところに貼っておけばいいのです。

そもそも、わたしがなぜ、『未完了メモ』ではなくて、『気になったメモ』と最初に言ったか、わかりますか？」

春香「『気になったメモ』のほうが『未完了メモ』よりなんか気楽な感じがするから……？」

黒野「そう。言葉って大事なんですよ。

『未完了メモ』だと、そこに書いたものは全部完了させせないといけないと思ってしまいますよね。でも、**『気になったメモ』でしたら、やるかどうかは、あとで決めればいいから気楽**なんです」

春香「たしかに、使う言葉で印象も気持ちも変わりますね」

推測が当たって、春香は嬉しそうな顔をした。

白川「うちの研究員たちは優秀なので、常に何かしらのひらめきだったり、気になることが多々あると思います。それを、メモするだけで、目の前のことへの行動レベルが上がるのであれば、推奨しない理由がありませんね」

黒野「そうでしょう。ぜひすすめてみてください！」

白川「シンプルですが、効果の裏付けのあることを教えていただきありがとうございます。僕も、目の前のことに集中しきれない時があったんですが、たしかに、あとでもいいようなことや、別の研究のアイデアが次々と頭をよぎってました。

でも、それが理由で『今』になんとなく集中できていない、つまりは行動レベルが落ちていたのだと気がつきました」

黒野「シンプルですが、『気になったメモ』の時間投資への影響力は大きいんですよ」

黒野は満足そうに言った。

時間の神の教え

・気になったことは即メモ書きして、仮完了させろ。

17 科学的に「トラブルに時間を奪われない」方法

黒野 「行動レベルを高めるメモの活用法の2つ目はこれです」

黒野はホワイトボードに次のように書いた。

②熟慮《じゅくりょ》&障害プランニング

黒野 「白川先生、水曜日の9時37分の映像を出してくれますか？」

白川 「はい。この日は覚えています。菊池さんが、まとめていたデータファイルが消えたとかで、大騒ぎしていました」

黒野 「この日の菊池さんのパフォーマンスはどうでしたか？」

白川 「ご覧の通りあわてふためいていて、行動レベルどころではなかったですよ」

黒野「そうですよね。で、結局、この騒ぎはどうなったんでしょうか?」

白川「龍崎がデータ復元できたので、大きな問題にはなりませんでした。でも菊池さんは1日ずっと、いつものパフォーマンスができませんでした」

春香「菊池さんの気持ちわかります……。わたしも作ったはずの資料が見当たらない時はあせってしまって、いつもと違った場所に保存されていただけだったのに、探すのにムダに時間がかかってしまったことがありますよ」

黒野「**予期しないことが起きると人はあわててしまい、行動レベルが落ちてしまいます**よね。

そんな時でも、行動レベルを落とさないようにできるのが『熟慮&障害プランニング』というわけです」

春香「なんだか難しそうですね」

黒野「それが簡単なんですよ。もしかしたら今日話した中で一番簡単かもしれませんよ」

春香「ほんとですか?」

春香が目を輝かせた。

黒野「『熟慮&障害プランニング』のうち、『熟慮プランニング』はさらに簡単です。

目のつく場所に、

『トラブルが起きたら、立ち止まって考える』という張り紙を貼るだけなんです」

春香「えっ、それだけですか？」

黒野「そうです。**ポイントは、仕事や作業をしている時に目に入る場所に貼っておく**。これだけです」

春香「なんでそれが、予期せぬトラブルが起きた時に効果的なんですか？」

あまりにも簡単すぎて拍子抜けしているようだ。

黒野「なぜなら、**人の感情というのは、見たものの影響を受ける**からです」

白川はなるほどというように、大きくうなずいた。

黒野「たとえば澄み渡った青空を見れば気分は明るくなりますが、雷が鳴って土砂降りの天気を見たら気分は明るくはならないですよね。それと同じで、予期せぬトラブルが起きると、あせって目の前のトラブルしか見えなくなってしまいます。

そんな時に『トラブルが起きたら立ち止まって考える』という張り紙が目についたらどうでしょう？」

春香「たしかに、我に返るきっかけになりますね」

黒野「そうでしょう。アナログなやり方に感じるかもしれませんが、2017年の研究で、これには効果があることが証明されているのです」

黒野はボードの「熟慮」という言葉に赤丸をつけた。

黒野「『熟慮プランニング』は、ドイツのコンスタンツ大学などが考案した技法です。日本でも昔から工事現場などでは『安全第一』とか張り紙されていたのと同じですね。

コンスタンツ大学などの研究では、熟慮プランニングをした被験者は、投資やポーカーでの判断力が高まり、トラブルに強くなることがわかっています」

春香「先生。つまり、**付箋《ふせん》に『トラブルが起きたら、立ち止まって考える』と書いて目の前のパソコンに貼っておくだけでいい**ってことですか?」

黒野「ええ。それだけで、いざ問題が起きても、『困った時は対策をよく考える』という単純なルールに従えばいいだけになりますから。

それでいくらか平常心も保てて、行動レベルも落とさずに済むわけです」

春香「これってたとえば、『親とケンカしたら、立ち止まって考える』『ダブルブッキングしてしまったら、立ち止まって考える』『財布が見つからなかったら、立ち止まって考える』とかも、ありですかね?」

黒野「トラブルを日常に置き換えたんですね。もちろん効果的ですよ」

黒野は人差し指を立てた。

白川「僕や龍崎は、予期せぬトラブルが起きると新たな発見につながると思ってワクワクするんですけどね」

春香は苦笑いを浮かべた。

白川「先生、さっそく『熟慮プランニング』は実践していこうと思うのですが、『障害プランニング』は、また別なのでしょうか？」

黒野「そうです。似たような方法ではありますが、少し違って『熟慮プランニング』の応用という感じですね。

『障害プランニング』は**仕事やプロジェクトなど、何かをはじめる前に、『どんな問題が起きるだろうか？』と事前に考えて、その対策をリストアップしておくという方法**です」

白川「なるほど。ということは、日常で起きる予期せぬ出来事なら、

- **重要なデータがなくなる**
- **急な打ち合わせが入る**

・同僚の仕事を手伝わされる
・長電話につかまる
・体調不良になる
・親、パートナー、子どもが病気になる

こういったことが起きた時にどう対処するかを事前に決めておくということでしょうか?」

黒野「そうです。さすが白川先生、飲み込みが早いですね」

春香「先生、もしかして、さっきの千葉さんの対応方法も、障害プランニングの活用ですか?」

黒野「おっ! 勘のいい青井さんが戻ってきたようですね。その通りで、この方法はいろんな場面で使えるから便利なんですよ。

たとえば、子育て中の人なら、『子育て中のトラブル・イラッとしてしまうこと』を事前に想定しておくんです。たとえば、『忙しい時に子どもに話しかけられると、イラッとしてしまう』としましょう。その場合は**キッチンなどに、『子どもに話しかけられたら、笑顔で答える』とメモを貼っておけばいい**ということですね」

春香　「なるほど。**トラブルが起きていない時に、『こんなことが起きたらこうしよう』というルールを決めるなら、冷静に考えられますね。**いざ問題が発生したとしても、行動レベルが下がらなさそうです」

黒野　「では、青井さん。『こんな時はこうする』という例をいくつか出してみてください」

春香　「ええと、

・寝坊したら、『今日はリモートワークにします』と連絡する

・上司やお客さんに理不尽なことを言われたら『この人は疲れているんだ』と考える

・クレームを受けたら、1分間深呼吸して考える

とかですかね？」

黒野　「そんな感じです。得たい結果を得るのに、どんなトラブルや障害が起きるのかをいくつも予測しておくと、対応のアイデアも出てくると思いますよ」

春香　「了解です！　では、わたしは『疲れない、やりがいのある人生』が得たい結果なので、それに向けての障害は……、

・担当外の仕事を依頼される
・休日出勤をお願いされる
・上司からパワハラされる
・重要な仕事に集中することができない
・クレームやトラブルが発生する
・休日に活動するだけの体力が残っていない
・休日に友人と予定が合わない
・趣味や好きなことに使えるお金の余裕がない
・緊急の出費が発生する

かなぁ」

黒野「いいですね。ただ、この時に注意してほしいことがあります。それは、**『障害プランニングは、たくさん作ったら必ずメモに残しておく』**ということです。作りすぎてしまうと、メモしないと忘れてしまいますから」

その言葉を聞いて、春香はすかさずメモをとった。

黒野「青井さんも、だいぶ時間の使い方がわかってきたようですね」

春香「でしょう？　わたしだって、だてに先生のトレーニングを受けているわけじゃありませんから」

春香は誇らしげに言った。

春香「でも、本当にこれは、事前に発生するトラブルを予測して、対処方法をただ準備しておくだけでいいんですよね？　なんかあまりにもシンプルすぎて……」

黒野「それだけでいいです。

『障害プランニング』は、ロンドン・ビジネス・スクールなどが提唱したやり方なのです。

その実験によれば、**『障害プランニング』を2週間行ったところ、仕事のトラブルが全体の労働時間の20％を超える状況でも、生産性の低下が見られなかった**そうです。

つまり、8時間労働なら1時間半の間、予期せぬ問題が起きても、生産性が低下しないということですよ。やらない手はないですよね」

春香「最高ですね！　わたしは新人教育もしているので、フォローだったりトラブルのリカバリーで時間が取られることがよくあって、時間はなくなるわ、あせって生産性も落ちるわで、どうしようか悩んでいたんですよ」
　春香はホッとしたような明るい表情を浮かべた。
春香「ただ、わたしの場合は1時間半も取られているわけではないので、これをやることで、投資時間も確保できそうですね！」
白川「僕の研究も言いかえれば『予期せぬ出来事を乗り越えていくこと』なので、これももちろん、ラボで実践させていきたいです」
黒野「仕事でもプライベートでも、『なんでこんなことが！』とか『まさか！』という出来事が人間には起きることがあります。そんな時の乗り越え方ですよ」

時間の神の教え

・事前にトラブルを予測して書き出す。そして、対処法を事前に決めておく。

18 行動力を授ける「デイリー・メトリクス」

黒野　「それでは、次で最後です。
次は映像はいりません。改善ポイントはこの部屋の中にありますから」
白川　「まさか、僕の部屋に何か問題が？」
黒野　「問題と言うほどではないですが、さらに行動レベルが上がるポイントがあるんですよ。
それでは、いつものやつをいきましょうか……」
黒野は立ち上がって所長室をぐるっと指さし、「クエスチョン・ターイム」と叫んだ。
白川と春香も部屋の中を見回した。
黒野　「どうですか？　青井さん、何か気になることはありませんか？」
春香　「先生の研究室と違ってきちんと整理してありますし、白川先生のデスクもキレイで、ホワイトボードには**『で、今、どこを目指しているの？』**が忘れないように、目につくように書かれていて、すばらしいと思います」

黒野「そう。白川先生が今、目指しているゴールが書かれていますよね。白川先生、読み上げてみてください」

白川「**『20××年までに、成人と遜色ない思考能力、運動能力を搭載した人型ロボットを作る』**です」

黒野「青井さん、このゴールはどう思いますか？」

春香「どうって、すごすぎて、わたしには別世界の話ですよ」

黒野「まぁ、そうですよね。

白川先生、どうでしょう？　この得たい結果は得られそうでしょうか？」

白川「もちろんですよ！　……と言いたいところですが、最近の研究の進捗スピードが落ちてきていたので、どうだろうと不安な気持ちが少し生まれてしまっているのは否定できませんね……」

黒野「大丈夫ですよ。安心してください。その、少し弱気になってきている気持ちに、一気に火をつけてさしあげますから」

そう力強く言うと、黒野はホワイトボードに、

「20××年まで、あと5年」

と書いた。

黒野「白川先生、1年とは、だいたい何週間ですか?」
白川「通常は52週間です。うるう年の場合は、53週間ですね」
黒野「その通り。では5年間は何週間ですか?」
白川「260週間です」
黒野「どうですか? さっきと比べて、ゴールへの距離感はどうですか?」
白川「近く感じますね。『やらなくては!』という感じがしてきました」
黒野「そうでしょう。では5年間は、だいたい何日ですか?」
白川「1825日です」

春香は2人の会話を黙って聞きながら、数字がすぐに出てくる白川に尊敬のまなざしを向け

ている。

黒野「『あと5年』と比べてどうでしょう?」

白川「やはり、あと1825日のほうが、時間が限られていると感じられますね」

黒野「そう、全部同じ5年なのに、なぜかそう感じるんですよね。

実は今のが、**『デイリー・メトリクス』**というものです。時間の単位を変えるだけで、人の行動は変わることがわかっているんです。つまり、**行動レベルが上がる**ということですね。『あと5年』と言われるより、『残り260週間』『残り1825日』と言われたほうが、残っている時間の量がより体感できるんじゃないでしょうか?」

春香は黙ってうなずいている。

黒野「青井さんはこの前、『1ヶ月半後の新規の大型契約を獲得する!』と言っていましたが、それを日単位に変えていたら、どうなっていたと思いますか?」

春香「1ヶ月半後ですから、45日後ってことですよね。そう考えていたら、もっと1日1日の行動が濃くなっていたように思います」

黒野「そうでしょう。実際、この心理効果は検証されているのです。

ミシガン大学などのチームが行った実験で、参加者にリタイヤ後の生活資金を貯めるには、いつ頃から貯蓄をはじめればいいかを質問しました。

その際、参加者の半数には30年後に退職した自分を想像させ、残りは、1万950日後に退職した自分をイメージさせたのです。

すると、**ゴールを日単位で考えた参加者のほうが、年単位で考えた参加者よりも4倍も早めに貯蓄をはじめた**そうなのです」

春香「すごい！　でも、先生、これは必ず日単位じゃないとダメなんですか？

わたしはさっき、白川先生の5年後のお話を聞いていて、1825日後よりも260週間後のほうが時間が限られているって感じがしたんです」

白川「先生、逆に僕は、1825日後のほうが、時間が限られていると感じました」

黒野「いいですね。結論から先に言いましょう。

それは**『自分が一番現実的に感じる単位を使え』**です。

研究結果とは、あくまでもそういう傾向があるという話です。全員がそうだったわけではありません。

だから、**『自分はどうだろうか？』**と考えて行動を工夫するキッカケにするのが、正しい向き合い方ですね」

春香「そうか、じゃあ、わたしは週単位で考えてもいいんですね」

黒野「そうです。青井さんは週単位で考えればいいし、白川先生は日単位で考えればいいのです」

白川はうんうんとうなずいている。

黒野「あと、**同じ人でも、タスクの違いで、週単位よりも日単位のほうがいいということもあり得るし、日単位よりも今回は週単位のほうがいいということもある**でしょうね」

春香「たしかに、**タスクによって感覚は変わる**かもしれませんね。

資格試験まであと、3ヶ月、12週間、84日だったら、わたしは84日のほうが切羽詰まって感じますし、夏休みまであと6ヶ月、24週間、168日だったら、24週間のほうが近く感じます」

春香が話しているうちに、いつの間にか黒野がホワイトボードに表を書いていた。

1ヶ月をすべて4週間として計算した場合の残り日数

		1週間	7日
		2週間	14日
		3週間	21日
	1ヶ月	4週間	28日
	2ヶ月	8週間	56日
	3ヶ月	12週間	84日
	4ヶ月	16週間	112日
	5ヶ月	20週間	140日
	6ヶ月	24週間	168日
	7ヶ月	28週間	196日
	8ヶ月	32週間	224日
	9ヶ月	36週間	252日
	10ヶ月	40週間	280日
	11ヶ月	44週間	308日
1年	12ヶ月	48週間	336日
2年	24ヶ月	96週間	672日
3年	36ヶ月	144週間	1008日
4年	48ヶ月	192週間	1344日
5年	60ヶ月	240週間	1680日
10年	120ヶ月	480週間	3360日
20年	240ヶ月	960週間	6720日
30年	360ヶ月	1440週間	10080日

黒野「計算しやすいように1ヶ月をすべて4週間にしているので、多少ズレはありますが、こう書くとわかりやすいでしょう?」

春香「すごくわかりやすいです! 写真撮っておきます」

白川は黒野に頭を下げた。

白川「先生ありがとうございました。研究員だけではなく、僕の悩みも解決しました。すぐに実践できることばかりで、やはり、先生に相談してよかったです」

黒野「困った時は、また、いつでも相談してきてください。青井さんも勉強になったでしょう? ただ、貴重な機会に恵まれたのですから、ちゃんと行動しないとダメですよ」

時間の神の教え

・目標を近く感じる単位で残り時間を管理せよ。

19

マルチタスクなど存在しない

Tラボ訪問から数日後。

謎の影「春香って子、だいぶ、お前の教えを理解してきたんじゃないのか?」

黒野「またいきなり現れましたね、あなたも暇な方ですねぇ。こんなところで油を売ってる暇があるなら、人間たちにチャンスを渡してきたらいいのではないですか?」

謎の影「だからここに来たんだよ。春香って子にチャンスを渡してあげようかと思ってな」

黒野「青井さんにですか?」

黒野の目が光った。

謎の影「まぁ、もうしばらく彼女の様子を見させてもらおうかな。じゃあ、またな」

影は姿を消した

＊＊＊

一方の春香は、会社で考え込んでいた。

春香「わざわざTラボまで連れて行ってもらったんだから、そこで学んだことを生かさないと、先生に恩返しできないなぁ。自分の投資できる時間を増やして、行動レベルを上げることを考えていかないと……」

春香はさっそく、Tラボでの黒野の教えを実践していた。

まず取り組んだのが、「障害プランニング」。

春香がいくつか立てた障害プランニングの中で、最初に効果をもたらしたのがこれだ。

・予期せぬ電話がかかって来たら、すべて折り返し対応にする。

せっかく確保した時間を、自分が得たい結果を得る行動に投資していても、急な電話で時間がとられてしまうと、投資時間が失われてしまう。さらには仕事が中断されるので、集中力も失われて行動レベルまで下がってしまうことがわかったからだ。

黒野から学んだ「問題が起きないギリギリのラインを見極める」という視点で考えた時に、毎回、オンタイムで出なくてはいけない電話などほとんどないことに気がついた。本当に緊急かつ重要な電話だったら、何度もかけてくるだろうし、電話を取った人に「緊急」だと伝えるはずだろうと考えたのだ。

春香の障害プランニングは、次の2つ。

1つは、**職場の人たちに自分宛の電話がかかってきたらすべて不在であると伝えてもらい、用件と折り返しの連絡先を聞くようにお願いしたこと**。

2つ目は、**スマホをお休みモードにし、プッシュ通知されない設定にしたこと**。

こうすることで、相手の都合で自分の時間が奪われなくなり、自分の時間を投資できるタイミングで、電話を折り返すというタスクに取り組めるようになったのである。

春香「先生に教えてもらった障害プランニングを実行しただけで、だいぶ仕事に集中できてる感じがする。仕事に投資している時間は変わらないのにさすがだなぁ」

もちろん、スマホは机の一番下の引き出しに入れてある。

何かほかにもできることはないかと社内を見渡すと、あることに気がついた。

春香　「そうだ。連絡をわたしのタイミングでするだけで、こんなにタスクに集中することができるんだから、大量に来るメールに自分のタイミングで返信しても、問題ないんじゃないかな」

春香はノートを取り出し、新しい障害プランニングを書き出した。

・メールは、自分のタイミングで返信する。

春香　「よし、と！　これを試してみてどんな結果になるか楽しみ！　いい感じだったら、先生に報告しに行こう」

＊＊＊

数日後、春香はいつものようにノックをせずに研究室のドアを開けた。

春香　「お疲れさまです。差し入れを持ってきましたよ！　先生の大好きなドーナツです」

黒野　「おお！　気が利きますね。相変わらずアポを取らずにやってくるのはどうかと思いますが、ドーナツに免じて許してあげましょう」

黒野は、早く食べたいとばかりに手を差し出した。

春香「先生、今日は答え合わせをしに来ました。わたし、先生に学んだことをいろいろと実践していたんですよ。しかも、それが結構いい感じなんです。話を聞きたいですか?」

黒野「なんですか。ずいぶんと自信満々ですね。なら、聞かせていただきましょうか」

黒野は春香が買ってきたドーナツを箱から出し、紅茶を飲みながら話に耳を傾けた。


数十分後……。

春香「……という感じで、やってみたら本当にラクになったんですよ。どうですか? 先生、わたしの投資時間の確保の仕方と、行動レベルは」
黒野「なかなかいいアイデアじゃないですか。しかも、理にかなっていますよ」
黒野はおいしそうにドーナツを頬張《ほおば》り、紅茶で流し込んだ。
春香「よかったぁ。わたしの考え、合ってたんですね」
黒野「そうですね。それにしても、電話をリアルタイムで対応しないという経験から、それをメールの返信にも置き換えたのは、ナイス発想ですね」

春香「ありがとうございます。実は会社に、やたら即返信してくる人がいるんですよ。最初は『返信が早くてすごいな』と思っていたんですが、メールを早く返信することに囚われすぎていて、肝心の仕事のクオリティやスピードがイマイチなんです」

黒野「なるほど」

春香「ですから、あまりその人は評価されてなくて……。先生が言っていた**『得たい結果につながることに限られた時間を投資しないと、得たい結果は得られない』**というのはこういうことかなって」

春香は自分の分のドーナツを取り出した。

春香「で、即返信するのはわたしの得たい結果である『疲れない、やりがいのある人生』にはつながらないと感じたんです。

それに相手のタイミングで毎回返信をしていたら、目の前のことへの集中力が失われてしまって、行動レベルも落ちてしまうと思いました」

黒野「それで、どうしたんですか？」

春香「先生に教わった通り、メールのやりとりで、問題にならないギリギリのラインを考えました。そうしたら、わたしの場合は、どんなメールでもその日のうちに返信すればたいていは問題ないとわかったんです。

なので、メールチェックと返信は、お昼休み明けと1日の終わりの2回にまとめました」

黒野「いいですね。ちなみに、なぜその時間なんですか？」

黒野はそこに春香の意図があるように感じられたので、突っ込んだ。

春香「よくぞ聞いてくれました。わたし、午前中は行動レベルが高くなるって感じてたんです。うまく説明できないんですが、単純に疲れてないからというか……。だから、一番元気のある朝は、エネルギーも時間も、メール返信ではなく、プレゼンの資料作りとか商談とか、得たい結果につながるものに投資したいと思ったんです。

なので、メールは、ご飯を食べて少し眠いお昼休み明けと、一番エネルギー残量が少なくなっている1日の最後でいいという結論になりました」

黒野「上出来です！　特にすばらしいと思ったポイントが2つあります。

1つは、**タスクの途中で電話に出たら、行動レベルが下がると思ったこと。**

もう1つは、**メールの返信を1日2回にまとめたこと**です」

春香「お褒めいただき光栄です」

春香はドーナツを食べながら、おどけて言った。

黒野「1つ目の『タスクの途中で電話に出たら、行動レベルが下がる』という話は、**マルチタスクとシングルタスク**の話につながりますね。ちなみに、『マルチタスク』と言われて、どんな状態をイメージしますか？」

春香「同時進行でいくつもプロジェクトを進めてたり、担当業務が同時進行しているような感じでしょうか」

黒野「それは、プロジェクトAの会議にオンラインで参加しながら、手元ではプロジェクトBの会議資料を作っているイメージですか？」

春香「うーん、ちょっと違いますね……。それはただの内職のような……。マルチタスクは、さっきまではプロジェクトAの会議に出ていたのに、次にすぐにプロジェクトBの会議に参加し、さらにそのあとに、すぐにプロジェクトCの資料作りをして、挙句《あげく》の果てには、プロジェクトDのメンバーをサポートするメールを送ったりする……ってイメージですね」

黒野「なるほど。でも、**本当に同時進行させるという意味でのマルチタスクは存在しない**のを、青井さんはご存じですか？」

春香「え？　存在しない？」

春香は意味がわからないようだ。

黒野「スタンフォード大学の神経科学者、エヤル・オフィル博士も**『脳は1つのことしかできない。だから、人間は実はマルチタスクなんかしていない。タスク・スイッチング（タスクの切り替え）しているだけである。タスクからタスクへ、さっと切り替えてるだけだ』**と言っているのですよ」

春香「そりゃそうですよね。分身の術でも使えれば別かもしれないですけど、本当に同時に実行するなんて無理ですよね」

黒野「その通り。しかもハーバード大学の研究では、**『最もタスクを変えない人が最もパフォーマンスが高い』**ということが明らかになっています。ただ、言われてみれば、当たり前の話ですよね。タスクスイッチングしないで、できるだけ1つのことに集中していたほうが、行動レベルは高いでしょうね」

春香「わたしの『タスクを切り替えると、なんだか疲れて行動レベルが落ちちゃう』って感覚は正しかったんですね。タスクスイッチングはできるだけ少なく……と」

春香はドーナツの最後のひと口を口に放り込むと、ノートに書き込んだ。

春香「ん？ でも先生、1つ質問いいですか？

できるだけタスクスイッチングしないほうがいいのはわかるんですけど、それでもやらないといけないタスクがたくさんあるのが会社員です。この場合はどうすればいいんでしょうか？」

黒野「青井さんはもう工夫して実行しているんじゃないですか」

春香「え……。わたしは**同じ業務を極力同じ日にやるようにしているだけ**ですよ。タスクは切り替わるけど、大枠《おおわく》ではやっていることは同じというか……」

黒野「青井さんのケースは、たとえば月曜は取引先Aに関することだけをやる日にするということですよね。資料を作ったり、ミーティングしたりと、タスクは変わっても大枠ではA社に関してのことだから、**脳の切り替え負担は少なくなる**。つまりタスクスイッチングの回数は少ないということですね」

春香「なるほど！　ということは、作業ごとにやる日をまとめているのも、タスクスイッチングを少なくしているということになりますよね？

たとえば『今日は終日、外回りの日にしよう』とか。取引先は別々ですが、営業先を回るという作業は同じ、これもわたしの中では、あまりタスクスイッチングしていない感覚です」

黒野「いいと思いますよ。先ほどのハーバード大学の研究によると、あたふたとせわしなく働いていて**生産性が低い社員は、1日に500回もタスクスイッチングしている**そうです。そこからしたら、青井さんのやり方はかなり優秀です」

春香「先生に教えていただくようになってから、わたしもだいぶ考え方が変わりました。それまでは、いかに限られた時間の中にできるだけ多くのタスクを詰め込むかとばかり考えていましたから」

黒野「現代人はみんなそんな感じですよ」

春香「でもおかげさまで、今は『多くのタスクをどれだけやらないようにするか』、もしくは『得たい結果につながらないタスクをどうやって問題にならないギリギリレベルでやるようにするか』ばかり考えてます」

黒野「それでいいんです。**限られた時間の中で、全部完璧にやるなんて無理です。なのに、全部完璧にやろうとするから、いつまでも『時間が足りない！』と言うのです。**仮に、効率的にさばけたとしても、より多くのタスクをさばこうとしてしまいます。

こんな終わりのない効率化を追求する時間の使い方が、人を幸せにしてくれるはずがありません」

春香「先生に教えてもらう前のわたしですね」

黒野　「そうですね。しかも、あのままの青井さんだったら、ゴールは『得たい結果』ではなく、『限られた時間でできるだけ多くのタスクをさばく』になっていたかもしれません。**自分の命とも言える人生の時間を投資した結果が、『できるだけ多くのタスクをさばいた』なんて、わたしにはとても耐えられません**けどね」

黒野は空になったドーナツの箱を恨《うら》めしそうに見つめた。

黒野　「ドーナツはもうないんですね……。仕方ない、ストックドーナツを出しましょう」

そう言って自分の机の引き出しから、ドーナツの箱を取り出した。

春香　「自分で買ったドーナツがあるじゃないですか！　買ってこなくてもよかったかな」

黒野　「いえいえ、買ってきてくれただけありがたいですよ」

黒野はその箱から、ポン・デ・リングというドーナツを取り出した。この上なく嬉しそうな表情をしている。

黒野　「ああおいしい。このポン・デ・リングで思い出したんですが、**『トンネリング』**というものを知っていますか？」

春香　「いえ、初めて聞きました」

黒野　「『トンネリング』とは、行動経済学などの世界で使われる言葉で**『時間がない！』『お**

金がない！』など欠乏状態《けつぼうじょうたい》になると著しく処理能力が落ちてしまう状態を言います。

タスクをたくさん詰め込んで『時間がない！』と時間効率ばかり気にしすぎると、判断力が落ちてしまったり、創造性が下がっていくということですね」

春香「どういうことですか？」

黒野「時間効率を求めるということは、期限内にたくさんのタスクをこなそうとするわけですから、1日で何度もタスクスイッチングすることになるのです。すると、パフォーマンスが落ちてしまう。

これは今の青井さんなら、理解できるのではないですか？」

春香「そうか。**期限内にたくさんのタスクをこなそうとすると、タスクスイッチングが増えるんですね。で、パフォーマンスが下がって、結果として生産性が落ちる**、と」

春香はこれまで学んだ知識で、じっくり理解しようとしているようだ。

春香「たしかに、今のわたしなら理解できますが、先生に教えてもらう前だったら、問題にならないギリギリのラインを探すどころか完璧を目指していたので、『どうやったら期限内に全部できるだろう？』と時間効率を追求していたと思います。

そう考えるとこわいなあ。ちなみにパフォーマンスが落ちるって、どれぐらい落ちるもんなんですか？」

黒野「そうですね……たとえば徹夜して、次の日そのまま仕事をしているくらいにはパフォーマンスが落ちますね」

春香「徹夜明けの翌日って、眠くてまったく集中できませんもんね。そこまで落ちるのか～。それも研究でわかってるんですか？」

黒野「そうです。行動科学の権威であるシカゴ大学のセンディル・ムッライナタン教授が教えてくれています。

彼は、時間効率を追求して、**限られた時間でできるだけたくさんのタスクをやろうとすると、トンネリング状態になって人間の判断力は低下し、その人は平均してIQが13ポイントも低下する**という研究結果を発表したんです。この『IQが13ポイント下がる』というのが、さっき言った『徹夜明けくらいパフォーマンスが低下する』ということなんですよ」

春香「ええ！　なんてことでしょう！　やっぱり、**追求するのは時間効率ではなくて、『自分たちが時間を投資した結果、何を得たいのか』**なんですね。過去の自分に教えてあげたいな～」

黒野「その通りです。でも今からでも遅くないですよ。わたしに感謝してください。

今後は詰め込むならタスクではなくて、ドーナツにしてくださいね。それならいくら詰め込んでも問題ありませんから」

春香「先生、どさくさにまぎれて、またドーナツを持ってこいと要求するのはやめてください」

時間の神の教え

・タスクスイッチングの回数を減らせ。

20

優秀な人から会社を辞める「本当の訳」

春香「そうだ、先生。最近、会社で気になることがありまして」

春香は紅茶をひと口飲んだ。

春香「実は先月、同じ部署のエースだった先輩が辞めちゃったんです。そのうえ昨日、同期の子に聞いたんですけど、隣の部署のエースの先輩まで、今月で辞めるらしいんですよ。うちの会社、大丈夫かなぁと思って」

黒野「そうなんですか。ちなみにその先輩はエースと言われるくらいですから、とても仕事ができたんですか？」

春香「もちろんですよ！　先輩はめちゃくちゃ仕事できました。すごい契約をどんどん取ってきて」

黒野「ほう、それはすごい人だったんですねぇ。そんな人でしたら、会社からの評価もさぞよかったのでしょうね」

春香「そりゃあ、もちろん。同期の中でも一番の出世頭でしたからね。それなのに、なんで辞めちゃったんだろう。誰もあまり詳しい理由を知らないんですよね」

黒野「……わたしは、その青井さんの部署の先輩がなぜ辞めたかわかりますよ」

春香「は？　先生、先輩のこと知ってるんですか？」

黒野「いいえ、知りません」

黒野はなぜか自信満々の表情できっぱりと言い切った。

春香「じゃあ、なんで先輩が辞めた理由がわかるんですか？」

黒野「ちなみに、隣の部署のエースの方が辞めた理由もわかりますよ」

春香「はぁぁ？」

黒野は春香をおもしろがるように見ている。

春香「わかりました。先生は、隣の部署の先輩とお知り合いなんですね？」

黒野「知ってるわけないでしょう」

春香「じゃあなんで、そんなにわかるって言い切れるんですか！」

黒野「そんなの簡単です。その2人はものすごく仕事ができたんですよね。でも、会社への不満とかをよく口にしていたんじゃないですか?」

春香「大当たりです! 同じ部署の先輩はよく『なんでこんなに忙しいんだ。いくら時間があっても足りない』とか、よく、課長がいないところでグチってました」

黒野「やはりそうですか。実は、**生産性が高い人ほど、会社へのエンゲージメント(愛着心や思い入れ)が落ちてしまう**んです」

春香「生産性が高いと会社へのエンゲージメントが落ちるなんて話、聞いたことないですよ」

黒野「実は、アメリカのリーダーシップIQという会社が、全米207社の従業員のエンゲージメントと、業績評価データのマッチングを実施したんです。

するとと42%もの会社で、**『生産性が高い人間ほど、会社へのエンゲージメントが低い』**という事実がわかったんですよ。

春香「そんな調査結果があるんですね。でも、なんか変じゃないですか? 普通、生産性が高かったら会社からは評価されるから、昇格も早いしお給料もよくて、会社へのエンゲージメントは逆に上がるんじゃないですか?」

黒野「そうか、青井さんには時間の使い方や投資の仕方を教えてしまったので、逆にわからないのかもしれませんね。

なぜ生産性が高い優秀な人間ほど、会社へのエンゲージメントが低くなるかと言うと……」

黒野は近くにあったメモ用紙とボールペンを手に取り、図を描いた。

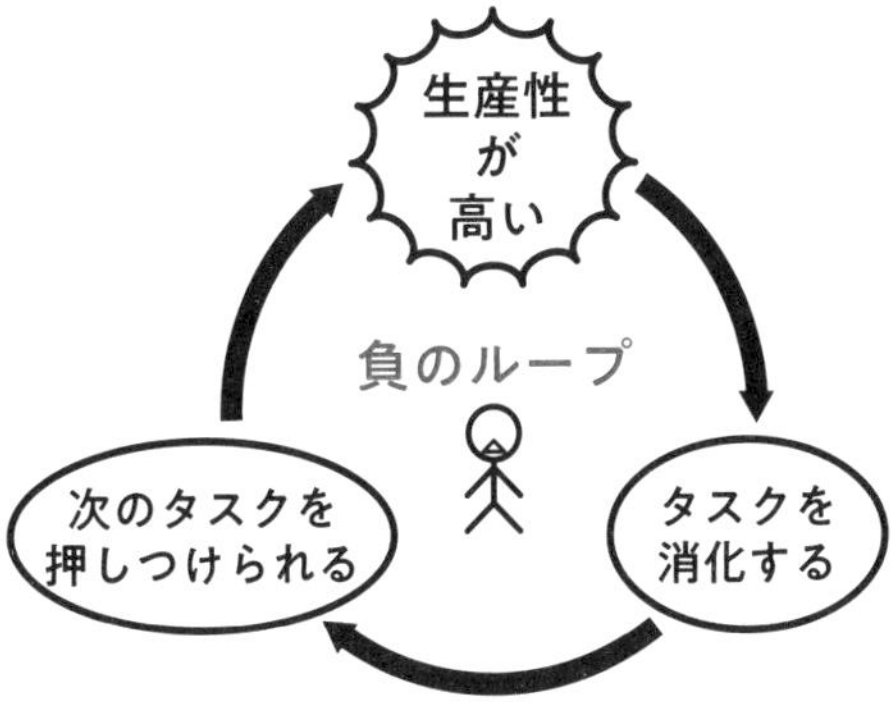

黒野　「これを見てください。**生産性が高い優秀な人は、ほかの人間より多くタスクを消化できてしまいますよね。そのせいで新たなタスクを押しつけられてしまう**んです。

　でも、優秀ですから、これまたこなすのも速い。そうすると、またすぐに次を押しつけられる。こんな負のループに入ってしまうんですよ。こんなのが延々と続いたら、どんなパフォーマンスの高い人でもつらくなりますよ。終わりがないんですから」

春香　「たしかに終わりがないですね……。わたしは先生のおかげで、かけるべきところに時間を使って、あとは問題が起きないレベルでやれていますけど。プライベートの時間も確保できるようになってきましたし……。断る練習もしているので、新たなタスクに追われている感覚も、人より少なくて済んでます」

黒野　「優秀な人は、どんどん仕事を押しつけられて、いつまでも経っても忙しいから、モチベーションも下がり、会社に対してもイライラが増していく。評価はされていても、本人からしたら『自分ばかり長時間働いている』『自分ばかり負担が大きい』という思いのほうが強いから、結果として会社を辞めてしまうわけです」

春香　「でも、忙しいからタスクをたくさん消化してがんばっているのに、その結果がさらに忙しくなって、いつまでも時間が足りないという状態から抜け出せず、会社へもネガティブな感情になってしまうって、なんか悲しいですね……。
　こういう人が報われるには、どうすればいいんでしょうか」

黒野　「一番は青井さんのようになることですね。

『時間とは投資である。毎日、残された時間を投資している』と考えて、時間を確保したり、全部完璧にやることをあきらめたり。自分の人生で得たい結果は何なのかを決めて、そこに向けて誰もが、進んでいければいいんですけどね。

　でもわたしも長年、生きてきましたけど、そんなことを考えている人間は少数派ですよ。みんな忙しいから、いつかの青井さんみたいに、立ち止まって考える時間を取らないのです」

春香　「自分がそうだったから、そんな時間は取れないって気持ち、わかりますよ〜。

　時間貯金的に考えると、取れないではなく先取りしていないだけなんですけど」

黒野　「おお！　ずいぶんと成長しましたね」

春香　「見くびらないでくださいよ。どれだけここに通い詰めていると思ってるんですか」

　ふざけながらも、春香の顔には自信が見て取れた。

春香　「でもそう考えると、結局のところ『自分の身は、自分で守らないといけない』ってことになっちゃうんでしょうか？」

黒野「そうなりますねぇ。そのための教えですから」

春香「そんな冷たいこと言わないでくださいよ。先生の教えをみんなが受けられるわけじゃないんですから。

わたしは新人教育も担当しているじゃないですか。たとえばその新人が優秀で、どんどん忙しくなって時間が足りなくなって、会社への不満を持つようになってしまったら、わたしは何てアドバイスをしてあげればいいのかなって思って」

黒野「おっと、これは前言撤回ですね。だったら青井さんが、わたしの教えをその新人さんに教えてあげればいいだけじゃないですか」

春香「そんなのわたしだってわかってますよ。ただ、もっと簡単に道がひらけるような、そんなひと言アドバイスがあればなぁと思いまして……でも、そんないい話はないですよね……?」

春香は黒野の顔をいたずらっぽく見た。

黒野「ムシがいいですねぇ」

春香「最年少頭取や、日本の頭脳を育てあげた神のような先生なら、ご存じかと思って。そうなら、悩めるわたしにぜひ教えてくださいませんか」

黒野は、おだてられるのにめっぽう弱かった。

黒野「仕方ないですねぇ。よろしい。

一番いいのは青井さんがわたしの教えを新人さんに教えることですが、応急処置的には、その人に会社の好きなところを探させるといいですよ」

春香「会社の好きなところ？」

黒野「そうです。できれば理想は、会社が支援している内容とか、世の中で貢献しているところとか、誰かの役に立っているとか、何かに貢献しているといった、会社の取り組みで好きなところを探させるのがいいですね」

春香「それは単純に会社を好きにさせろってことですか？」

黒野「ちょっと違いますね。**『会社が大切にしていることと、新人さん含め、働く人が大切にしていることを一致させなさい』**ということですよ」

春香「わかったような、わからないような……。それと会社を好きにさせるのと、どう違うんでしょうか」

黒野「全然違いますよ。大切にしていることを一致させるというのは、こういうことです」

そう言うと黒野は立ち上がり、ホワイトボードに図を書いた。

黒野　「たとえば、自分が『自然を守りたい』ということを大切にしている人間だったとしましょう。そして、勤め先が『利益１００万円につき1本植樹する』という取り組みをやっていたらどう思いますか？」

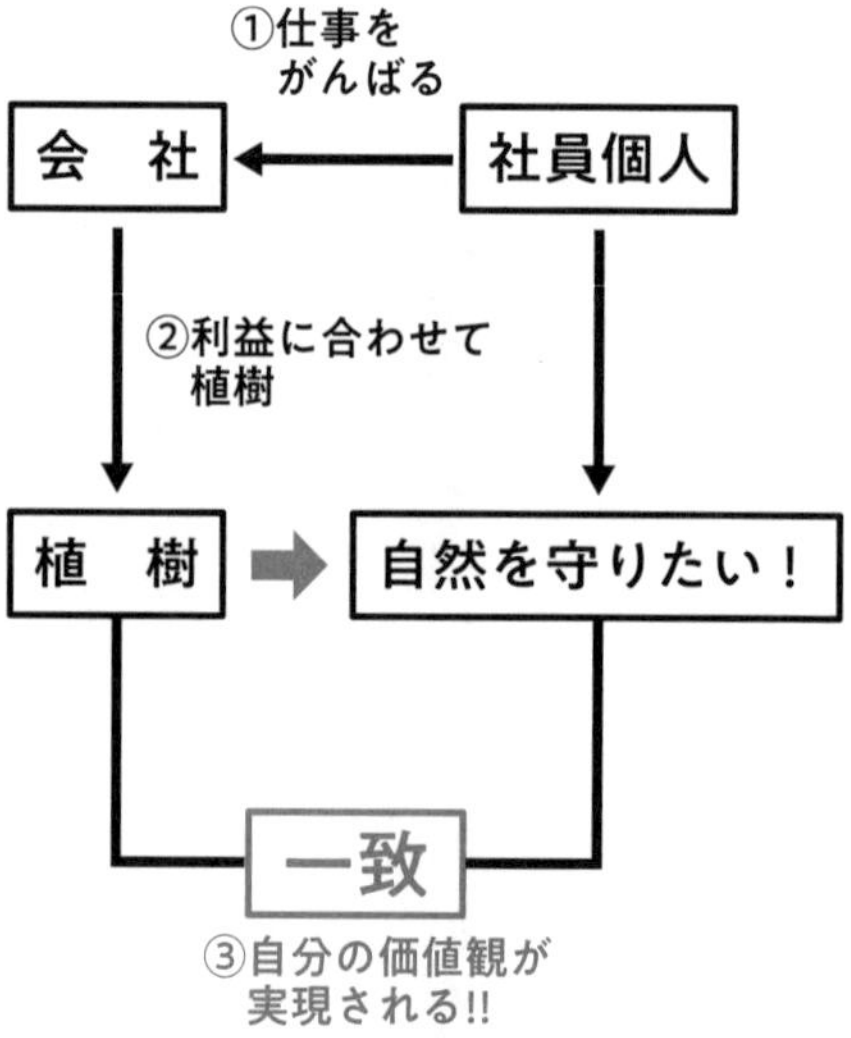

春香「なるほど。たしかに今より少し、仕事をがんばろうって気になるかもしれません」

黒野「そうでしょう？　『これは地球の自然を守ることにつながってるんだ！』と思って、どんなにタスクが多くて忙しくても、会社へのエンゲージメントは下がりませんよね」

春香「先生、これってもしかして、人生の公式で説明できちゃったりしません？」

春香は黒野からさんざん「これまで学んだことを振り返ってから発言しろ」と言われてきたせいか、勘が働くようになったようだ。

黒野「では、青井さんが説明してみてください」

黒野に代わって春香がホワイトボードの前に立ち、人生の公式と、その応用式を描いた。

【人生の公式】

得たい結果　＝　投資時間　×　行動レベル

【人生の公式の応用式】

会社が大切にしていること　＝　（自分が）得たい結果　＝　投資時間　×　行動レベル

春香　「会社が大切にしていることが自分の大切にしたいことと一致しているとわかっている人は、忙しくても仕事をがんばれば、ちゃんと自分の人生の時間から、得たい結果を得ることになる。だから、忙しくても会社へのエンゲージメントが下がらないということですよね！」

黒野　「いいですねぇ」

黒野の褒め言葉に、春香は嬉しそうだ。

春香は先ほどの式の『会社が大切にしていること』と『自分が得たい結果』を結んでいる「＝」に×印をつけた。

会社が大切にしていること　≠　自分が得たい結果　＝　投資時間　×　行動レベル

春香　「でも一方で、働く人が自分の残された人生の時間を仕事に投資しているのに、自分の得たいことにつながっていないと、会社や仕事へのエンゲージメントが低下してしまう。だから、働く人にこの人生の公式のように、『今、投資している時間は得たい結果につながっているよ』ってちゃんと認識させてあげられれば、応急処置完了！　ってことですよね」

黒野　「そうです」

春香「ですが、この植樹の話はわかりやすかったんですが、そんなに簡単に、自分が働いている会社と、自分が大切にしている価値観が一致するパターンなんてあるんでしょうか?」

黒野「不思議なことを言いますね。就職活動の時に、どんな会社なのか調べてから、そこで働くことを決めているのではないのですか?」

春香「たしかにそうなんですが、働くうちに考え方も価値観も変わるじゃないですか。それに、みんながみんな、自分が働きたい会社で働けるとは限りませんよ」

黒野「それは一理ありますね。ほかに会社が大切にしていることと働いている人が大切にしていることが一致しているパターンを挙げると、たとえば……、

- **スポーツが好き** ↓ 会社が応援しているチームのスポンサーになっている
- **芸術が好き** ↓ 会社が美術館を運営していたり、出資している
- **教育を重んじている** ↓ 会社が教育支援事業をしている
- **住んでいる街が好き** ↓ 会社が地元に貢献する事業や活動をしている
- **ボランティアに興味がある** ↓ 会社が災害支援などをしている

などですね」

春香「なるほど。こうして具体例を挙げていただくと、働く人が大切にしている価値観と会社が大切にしている価値観はけっこう一致しそうですね」

黒野「ただ、1つだけ問題もあるんですよ。

企業はこうした活動を対外的には発信するのですが、実は社内ではあまり周知徹底《しゅうちてってい》していないんです。

だから、**会社が教えてくれるのを待つのではなく、働く人が、自分から、『自分の会社は何を大切にしているんだろうか?』と探しに行かないといけない**のです」

春香「たしかに！　わたしも、自分の会社が何を大切にしているのか、どんな社会貢献をしているのかなんて、実はあまり知りませんから。

でも、自分で調べることで、『会社が大切にしていること』＝『自分が得たい結果』となって、仕事の時間が自分の得たい結果を得るための時間に変わることだってあるわけですよね」

黒野「その通り。とてもいい説明でしたよ。人生の公式も理解しているようですし。やはり、とても成長していますね」

黒野はとても満足気だった。

● 時間の神の教え

・自分の価値観と会社の価値観が一致することを探せ。

21

残された時間の使い方

春香が研究棟から出ていったあとの黒野の表情は、少し深刻だった。

謎の影　「そろそろだな」

どこからともなく、また謎の影が現れた。

黒野　「そうですね。そろそろですね……」

＊＊＊

春香は今日も電話に邪魔されない、集中できる環境で仕事をしていた。

同僚　「青井さん、グリーン・コーポレーションの方から電話がありました。来週の打ち合わせの件だそうですけど、いつも通り『折り返します』としておきました」

春香「あっ、ありがとう……ゴホッゴホッ……」

同僚「大丈夫ですか？　だいぶ前から咳をしてますよね」

春香は大丈夫と言いかけたが、咳が止まらなかった。

同僚「苦しそうですし、今日はもう帰って、病院に行ったほうがいいですよ。わたしから課長に伝えておきますから」

春香「ありがとうございます。じゃあ今日は早退して、病院に行ってきます」

春香は同僚の勢いに押されて、自分でもおかしいと思ったのか、不安げな表情で病院へと向かった。

病院では念のためさまざまな検査をして、また1週間後に来るように、と医者から言われた。

＊＊＊

それから2週間後。

黒野のスマホにＬＩＮＥの着信が入った。

春香　先生、いつもありがとうございます。
わたし、先生のおかげで集中してやりたいことができました。
当分そちらには伺えないと思います。
でも先生に教えていただいた通りにがんばっていますので、心配しないでくださいね！
本当にいつもありがとうございます。
また必ず、ご連絡しますね。ドーナツの食べすぎには注意ですよ。

黒野　「そうすることにしたんですね」
黒野はスマホを握りしめ、その画面をじっと見つめた。

＊＊＊

それから半年。春香が黒野のもとを訪れることはなかった。
そして、久しぶりに春香から黒野にＬＩＮＥが届いた。

春香 ご無沙汰しております。得たい結果が得られそうなので、ご報告も兼ねて先生にお話があるのですが、近々でお時間いただける日はありますでしょうか。わたしはいつでも大丈夫ですので、よろしくお願いいたします。

黒野 久しぶりですね。アポを取るなんて珍しい。今まで、一度も取ったことなかったではありませんか。

春香 先生の残された時間をムダ使いさせるわけにはいきませんから。わたしも、行って先生がご不在だったら時間をムダに使ってしまうので。

黒野 では、来週の金曜日の17時はいかがですか？

春香 承知しました。それでは17時に必ず伺います。ありがとうございます。

黒野がため息をついて椅子に座ると、謎の影が現れた。

謎の影　「ついに来たか」

黒野　「ええ。何も知らないふりをするというのは、何万年生きていても厳しいですね。どんな顔をして、青井さんに会えばいいのか……」

謎の影　「珍しく感傷的だな」

黒野はそのまま口を開かなかった。

＊＊＊

研究室のドアが静かに3回ノックされた。

黒野　「どうぞ」

黒野の静かな声が響いた。

春香　「失礼します」

久しぶりに会う春香は少しやせたようである。

以前は着ていなかったような、パステルブルーのウエストが絞られたミディアム丈のワンピースを着ている。

黒野「なんか今日は、とてもかしこまっていますね。アポまで取ってどうしたのですか？」

黒野は努めて、今まで通り振る舞っている。

春香をいつもの椅子に座るよう促して紅茶を渡し、自分も座った。

黒野「それで、わたしに話したいこととは何でしょう？」

黒野は紅茶をひと口飲んだ。

春香は小さく深呼吸をすると顔を上げて、黒野をまっすぐに見た。

春香「先生。驚かないで聞いてください。そして、同情もしないでください。約束していただけますか？」

黒野「急にどうしたんですか。よくわかりませんが、承知しました。驚きも同情もしません。これでいいですか？」

春香「ありがとうございます」

春香はもう一度大きく深呼吸をした。

春香「先生。わたし、肺がんだそうです。半年前に余命1年と宣告されました」
黒野は紅茶を手にしたまま、微動だにしない。
春香「できる治療は受けましたが、これ以上は有効な治療もなくて。
わたしの余命はあと半年らしいです」
春香は落ち着き、揺らぐことなくまっすぐ黒野の目を見ている。
黒野は何か言おうとしたが、いざ春香を目の前にすると言葉が出てこない。
春香「先生、暗くならないでください。
今日は、先生にお礼をお伝えして、わたしの『得たい結果』を完成させたかったんです」
黒野「どういうことでしょう？」
春香「わたし、余命が1年だと宣告されて、正直、自暴自棄《じぼうじき》になりそうでした。『なんでわたしが。先生に時間の使い方を教えてもらって、赤坂さんにも白川先生にもたくさんのことを教えてもらったのに。これから自分の人生の時間を使って、得たい結果を得ようと思っていたのに』って」
黒野は今までの春香とのやりとりを思い出していた。
春香「もうどうでもいいやって、何もかも投げ出そうと思ったりもしました。

でも、そんな時にわたしを引き戻してくれたのは、先生の教えだったんです」

春香も黒野とのやりとりを思い出しているようだ。

春香「**『わたしたちは毎日24時間、いつ終わるかわからない命の残された時間を投資している』**という教えに立ち返ったんです。

わたしはもう残された時間がわかってしまったのだから、落ち込んで、自暴自棄になることに時間を投資している場合じゃない。そんなことに時間を投資しても、残された時間で自分が得たい結果なんて得られないんだと、自分を立ち上がらせることができました。

だから、心から感謝しているんです」

黒野「……すごいですね、青井さん」

黒野は、春香がこの半年間抱えていた葛藤を想像して、心から尊敬した。

春香「わたしを誰だと思ってるんですか？　先生の教え子ですよ」

春香が黒野に心配をかけまいと、いつも通り振る舞っているのが痛いほど伝わる。

春香「それでも、『このままじゃダメだ！　残された時間をムダにするつもりか！』って自分を立て直すのに時間はかかりましたけどね」

感情がわき出てきたのか、春香の口元が少しゆがんだ。しかし、グッと力を入れて唇をかみしめ、言葉をつなぐ。

春香「先生、わたしの残された時間は限られています。なので、先生の教え通り、『で、今、どこを目指しているの？』と自分に問いかけました。

その答えは、『死ぬ前に、感謝を伝えたい人に実際に会いに行って、お礼を直接伝える』。そして『仲違いした人に直接会って、仲直りする』だったんです。これを、治療の合間の体調がいい時にすることにして、家族や友人、お世話になった方とかにこの半年間、会ってきたんです。感謝を伝えたくて」

黒野「……そうでしたか。それは本当に立派なことです」

春香はあふれる感情をおさえるために少しうつむけた顔をキッと上げ、黒野をじっと見つめた。

春香「先生にご挨拶するのが今日になったのは、さっきも言ったように、心から先生に感謝しているからなんです。先生のおかげで、人生の残りの時間をムダにすることなく、この半年間は自分が一番したいことに時間を投資して生きることができました。先生の教えをちゃんと実行してから、先生に会いたかったんです……それに心配もかけたくなかったし……」

黒野「青井さん……」

黒野は自分が感傷的になってはいけないと、感情を押し殺すことで精一杯だった。

春香「でも、本当に先生の言う通りですね。突然、残りがあと1年だとわかったら、自分のキャリアの優先順位が急に下がっちゃいましたよ。後世に残るような仕事をしている人だったら違うかもしれませんが、わたしにとっては仕事より、みんなに感謝を伝えることのほうが大事でした」

黒野「それでいいんです。**何が大切かなんて、人によって違いますから。他人のものさしではなくて、自分のものさしで自分の幸せを決める。そして、それに向かって時間を使う。それが、後悔のない残された時間の使い方**です」

春香「ですよね。会社のために残された時間を使っても、余命を延ばしてはくれませんよね」

黒野「そうですよ」

春香「自分の残された時間を突きつけられて、本当に考えが変わりました。今のわたしなら、優先順位がどんどんつけられますよ。やらないといけないことを全部やろうだなんて、1ミリも思いません。ただひたすら、**『自分が大切にしたいことにどうやって時間を投資しよう？』**しか考えてないんです。

わたし自身は半年前と同じ人間で、急にすごい能力が身についたとかでもないのに、不思議ですね」

春香は椅子から立ち上がり、窓際までゆっくり歩いて外を眺めた。

春香が黒野に誓ったのは1年前。その時はサクラが満開だったが、今はほんの少し散りはじめている。

春香「サクラってやっぱりキレイですね。なんだか、いつもよりキレイ……」

そうつぶやくと、春香は黒野に向き直った。

春香「先生。わたし、残りの半年も、自分が得たい結果を考えて実行します。両親とゆっくり食事に行ったり、近場に旅に出かけたりすると思うので、次に伺うまで少し時間があきますが、寂しがらないでくださいよ」

春香は再び黒野に背中を向けて、窓の外を見た。春香の目に映るサクラが涙でゆがんだ。そのことを黒野に悟られないようにしたのだ。

黒野「わたしが寂しがるですって？　冗談も休み休み言ってください。……でも、いつでも戻ってきていいですからね」

黒野のひと言が、毅然と振る舞っていた春香の涙腺を一気にゆるめた。黒野に背中を向けたまま、春香がつぶやく。

春香「先生、そんな優しいこと、いつもは言わないじゃないですか。せっかくいつも通りにしてたのに涙が出てきちゃいますよ……」

泣くのを我慢しようとする思いと、あふれそうな感情が交錯《こうさく》した声が、研究室に小さく響いた。

春香は、改めて黒野にお礼を言うと、「必ずまた戻ってきますね」と言って、グータッチしようとした。が、黒野は1年前、春香が黒野にしたお返しと言わんばかりに、ひょいとよけた。

黒野「え、何の儀式ですか？」

黒野は1年前の春香とまったく同じセリフを言うと、泣き笑いの春香に、改めて手を差し出した。

黒野「待ってますよ」

そっとグータッチすると、春香は研究室をあとにした。

＊＊＊

謎の影　「初めからこうなるとわかっていて、お前はあの子に時間の使い方を教えていたのか？」

春香が去った研究室に謎の影が現れた。

黒野　「何のことですか？」

謎の影　「しらばっくれるな、クロノス」

黒野の本当の名は、時間の神・クロノス。

謎の影　「俺たち神には、人間の残された時間が見えるだろうが。お前もそのノートを見て、彼女の残された時間が極端に短いことは知っていたのだろう？」

謎の影は、黒野の机の上に置かれている黒いノートを指さした。

黒野　「……後悔してほしくなかったんですよ」

謎の影　「後悔？」

黒野　「そうです。余命1年と宣告されてから、自暴自棄になって、貴重な残された時間をムダに使ってほしくない。生きていてよかったと思えるようなことを残された人生の時間から手にしてほしい。

だから、余命宣告される前に、青井さんに時間の使え方を教えたんです。なんと言っても、わたしの大事な教え子ですからね」

黒野はそのまま押し黙った。

だが、その沈黙を破って謎の影が切り出した。

謎の影「でも、お前の本当の狙いは、そうじゃないだろ？」

黒野「どういうことですか？」

謎の影「とぼけるな。何万年、時間の神であるお前と一緒にいると思っているんだ？」

黒野「さて、何のことでしょう」

謎の影「それなら俺が言ってやろう。お前は、彼女に残された時間の使い方で後悔してほしくないと言ったが、それもたしかに本心だろう。

でも、もう1つの狙いは、青井春香という人間を俺に認識させることだったんだろう？　お前が熱を入れて彼女に時間の使い方を教えれば、それをおもしろがって俺が見に来ると思ったんだ。

そして、チャンスの神である俺が彼女に興味を持てば、彼女に残された時間を延ばせるようチャンスを俺が渡すのではないかって考えたんだろう？

神と言えど、ほかの神の力の使い方に関しては口を挟めない掟《おきて》だからな。だからそう仕向けたわけだ」

そう言うと、謎の影が姿を現した。

端整な顔立ちの前髪しかない男。謎の影は、チャンスの神「カイロス」だったのだ。

黒野「さぁ、そんなことは忘れてしまいました。でも、カイロスさんが青井さんにチャンスを渡したいと思うなら渡せばいいですし、渡さないならそれでいいと思いますよ。カイロスさんの言う通り、ほかの神には、口出しできませんからね」

カイロス「やれやれ、今回はクロノスの壮大な計画に俺がハメられたようだな。だが、彼女は自分の人生を真剣に考えているよい人間だ。この半年を見てても、チャンスを与える価値はある。ここからは俺が彼女の面倒を見よう」

カイロスは、後は任せろというように軽くうなずくと、春香を追うため、消えていった。

研究室には黒野が1人、残された。

黒野は、何かの感情を噛《か》みしめるように、ゆっくりと黒いノートを開いた。

そのノートには、人々の名前が刻まれている。

そして名前の隣では、それぞれの残された時間が刻一刻と減っていた。

そして、春香のページには印がつけられ、メモが書かれていた。

で、今、どこを目指しているの?
←
教え子である、青井春香の残された命の時間を延ばす

黒野はティーポットから新たにダージリンティーを注ぎ、香りをかぐように深呼吸した。

黒野「万事うまく行きましたね。これが、わたしが1年前から描いていたゴールです。研究室をイヤというほど散らかして、どうすればいいか考えたり、そのために1ヶ月以上遠出をしたり、さんざん時間を投資したかいがありました。あとはカイロスさんが、どうにかしてくれるでしょう」

そして、窓際に行くと、美しく咲くサクラを眺めた。

黒野「よかったですね、青井さん。自分の命と言える時間の使い方を真剣に考えたから、巡ってきたチャンスですよ。病気が治ったらまたぜひ会いに来てくださいね。そしてまた、このサクラを一緒に眺めましょう。心待ちにしていますよ」

黒野はそうつぶやいて、静かに右手を突き上げた。

＊＊＊

時間の神の人間界での名前は、黒野優。読み方は「くろの・すぐる」。

クロノスグル。クロノス、グル。クロノスは、グル。

そう、クロノスは、最初から春香の味方だったのだ。

そして、使い方しだいで、あなたに残された時間も、もちろん、あなたの味方になるのだ。

時間の神の教え

・神時間力とは、真剣に命の残り時間を考える力である。

おわりに

死ぬ時に後悔しない人生を

最後まで読んでいただき、本当にありがとうございました。

ここまで読み進めていただいたあなたなら、**「神時間力」**を手に入れて、今まで思い通りにいかなかった自分の毎日を変えることができるはずです。

あなたならできる。わたしはそう確信しています。

なぜなら、**『残された命の時間をどう使うのか』**を決めるだけで人生が変わることを、わたしは知っているからです。

あなたは2011年3月11日、東日本大震災が起きた時に、どこにいたでしょうか?

わたしは岩手県にいました。

当時はまだ起業する前で、転勤族の会社員として岩手県に配属されていたのです。震災発生時は幸いにも海からは遠い内陸の花巻市《はなまきし》にいたので、最悪の事態は免れましたが、ライフラインがすべて断たれた生活を余儀《よぎ》なくされました。

わたしは当時、地震保険、津波保険を取り扱う損害保険会社に勤めていました。被災地にいたわたしは災害状況の確認のため、震災発生から1週間も経たずして、甚大な被害を受けた岩手県沿岸部、大船渡市《おおふなとし》、釜石市《かまいしし》、大槌町《おおつちちょう》、宮古市《みやこし》などに派遣されました。

震災直後の、テレビでは放送できないような本当の災害の状況を目《ま》の当たりにし、人生で初めて、「自らの死」がすぐそこまで迫っていたことを実感しました。

そして、その時に「人はいつ死ぬかわからない」と強烈に感じたのを、今でも鮮明に覚えています。

人が人生の終わりを迎える時、どんなことを後悔するのか、あなたは知っているでしょうか。

人生の終焉を数多く看取ってきた緩和ケア介護士の方が言うには、多いのは、

「自分に正直な人生を送ればよかった」

ということだそうです。

あなたは自分の気持ちに正直に、自分の人生を送れているでしょうか？
自分の気持ちに正直に、自分の命の残り時間を使っているでしょうか？

わたしは「いつ死ぬかわからない」と強烈に実感したあの時、「いつ死ぬのかわからないのなら、残された人生の時間は自分がやりたいことだけに、すべて使おう」と誓いました。
そして、その気持ちに素直に向き合い、災害救助、人命救助を遂行し、その後、東京本社への異動後の２０１１年10月17日に会社員から起業独立して、今に至ります。

とはいえ、すべてが順風満帆だったわけではありません。
起業独立後は10ヶ月間、無収入の時期がありました。会社員時代、勤めていた一部上場企業（現・プライム市場）が準備してくれていた新宿の都心マンションとは対照的な、そこから1時間以上離れた、電車が通る度に揺れるような木造2階建てアパートに住んでいた期間が長かったです。

この話をすると、「当時、不安はなかったんですか？」と聞かれることが多々あります。

しかし、不安は一切ありませんでした。

なぜなら、この本でお伝えした「神時間力」の方法を、すべて実践していたからです。

「自分の人生の時間からどんな結果を得たいのか」を決め、ゴールを明確に1つに絞り、その結果が得られることに、時間を集中投資して、1日24時間の中から、投資できる時間をかき集める。

自分の行動レベルを上げるために、起業に必要なことを研究・勉強し、優先順位がつけられなくなったり、誘惑になびきそうになったら、「で、今、どこを目指しているの？」と自分に問いかける。

もしかしたら、周りからは、ストイックに見えていたのかもしれません。でも、ストイックだったのではなく、単純に**「自分の命の残り時間の使い方を真剣に考えただけ」**でした。

その結果、わたしは理想としていた「好きな時に、好きな場所で、好きな仕事をする」人生を手に入れることができました。

執筆をする時は自然豊かな札幌の書斎に行き、メディア取材や対談がある時は東京に。講演はオンラインでもできる時代なので、海外の離島にいることもありますし、大切な両親がいる実家にいることもあります。

場所も、仕事も、時間も、すべて自分でコントロールできる、自由に生きていける人生を「神時間力」で手に入れることができました。


あなたは、どんな人生を送りたいと思っていますか？

あなたが、あなたの人生から手にしたいことは何でしょうか？

あなたにとって、幸せな人生とはどんな人生でしょうか？


この質問の答えが、どんな内容だったとしても、確実に言えることが1つだけあります。

それは、どんな答えであれ、**「時間を投資しないと手に入れることができない」**ということです。

だから、わたしたちには、「神時間力」が必要なのです。

「神時間力」はわたしたちだけではなく、子どもたちや大切なパートナー、家族、友達、先輩、後輩など、すべての人が、他人から求められた人生を生きるのではなく、自分の思い通りに生きるための力になってくれます。

わたし自身の過去を振り返っても、これまで仕事等でアドバイスをしてきた2万人以上の人たちを見ても、それは明らかです。

「神時間力」は、あなたを、そしてあなたの大切な人を、人生の残り時間の浪費から守ってくれる1冊です。この本を、あなたの大切な人を守るためのお守りとして、プレゼントするのもよいでしょう。

ここまで読み進めてきてくれたあなたと、あなたの大切な人にとって、この本が人生を変えるはじまりの1冊になっていたらとても嬉しいです。

今、このタイミングで、あなたがこの本に出会ってくれたのは、運命なのだと思います。

そして、その運命を、あなた自身が引き寄せたことに気がついてください。

この本を読むことに時間を投資しようと決めたのは、誰でしょうか？

ほかならぬ、あなた自身です。

あなたと「神時間力」の運命的な出会いで起きはじめた人生の変化をここで終わらせないために、最後にあなたへの贈り物を準備しました。


この本を読み終えても、また忙しい日常に戻ってしまっては意味がありません。

わたしは自分の命の残り時間を使って、本気でこの本を1文字1文字書き上げました。

だからこそ、あなたにも本気で時間を味方にして、思い通りに、そして後悔のない人生を送ってほしいと思っています。

そのために、**人生の時間を使いこなす1000の具体例と、8個の「神時間力ツール」を無料でお渡しする準備をしました。**


【神時間力8大ツール】

1 「時間の神の教え」実践ワークシート27
2 やりたいことが見つかる！ やりたいこと具体例500リスト
3 「時間の使い方がうまくなる」100の質問

4　優先順位が自動で決まる「神時間力・フローチャート」
5　「時間の浪費」具体例100リスト
6　時間が増える！　断る理由「鉄板フレーズ100」
7　障害プランニングの味方「予期せぬトラブル具体例100」
8　「自分を動かす」やる理由100の具体例

ただし、全員にお渡しすることはできません。


この「神時間力8大ツール」は、単純な特典ではなく、販売できるくらいの内容のものです。

もちろん、今回は書籍代のみで手に入れることはできますが、わたしはこの8大ツールは、「本気で時間の使い方を変えたい」「自分を変えたい」「人生を変えたい」と思っている人に向けて作成しました。

ですので、こちらの**QRコードを読み取って、わたしとLINEの友達になっていただき、必ず合言葉である「神時間力」を友達追加後にトークで送ってください。**

本をちゃんと読んでくれているあなたなら問題なく手に入れることができるはずですが、本をしっかりと読んでいない人にはたどり着けない仕組みにしてあります。

どうか、「ここまで本を読み進めた」という時間投資をムダにしないでください。
変化ははじまっています。きっとあなたなら、もう時間を自分の味方にできているはずです。
「神時間力」であなたの人生が思い通りになることを、わたしは応援しています。

最後になりましたが、本書を出版するにあたり、編集を担当していただいた江波戸裕子さん、多大なアドバイスで「神時間力」作成に携わっていただいた、矢島和郎さん、沼田洋介さんをはじめとする飛鳥新社のみなさま、ありがとうございました。

そして、ここまで時間を使ってくれたあなたへ。


もしかしたら、今、ひどく悩んでいることがあるのかもしれません。

もしかしたら、今、出口の見えない暗闇の中にいるのかもしれれません。

もしかしたら、今、自分の人生はこんなものだと、あきらめの中にいるかもしれません。


でも、大丈夫。

あなたの悩みはすべて**「時間が解決してくれます」**。

それは、いわゆる「時間が経てば、どうにかなる」などという、他人任せの意味合いではありません。

あなたが手にした本当の時間の使い方である「神時間力」を実践すれば、あなたの人生は思い通りになります。


この本のカバーを外して、本の表紙の色を見てみてください。

時間の神・クロノスが持っていたノートは何色でしたか？

この本の本当の表紙の色は「黒」です。

あなたの手元には、あなたを自由にしてくれる「神時間力」がもうあるのです。


もういい加減、自分の人生から何を得るのか決めてしまえ。

得たい結果につながらないことに、自分の大切な命の残り時間は使わないと決めてしまえ。

あなたの人生の残り時間は、ほかの誰でもない、あなたのもの。

だから、ためらうことなんてない。

あなたは1人ではないから、大丈夫。

わたしがあなたを応援していますから。

あなたの人生は今日から自由だ。

新しい人生を歩み出し、好きな時に、好きな場所で、好きな仕事をする新世界へ歩み出した
あなたに、どこかで会えるのを楽しみにしています。

星　渉

参考文献

『神メンタル「心が強い人」の人生は思い通り』(星渉/KADOKAWA)
『神トーーク「伝え方しだい」で人生は思い通り』(星渉/KADOKAWA)
『神モチベーション 「やる気」しだいで人生は思い通り』(星渉/SBクリエイション)
『99.9%は幸せの素人』(星渉・前野隆司/KADOKAWA)
『SINGLE TASK一点集中術——「シングルタスクの原則」ですべての成果が最大になる』(デボラ・ザック著/栗木さつき訳/ダイヤモンド社)
『WHITE SPACE　ホワイトスペース―仕事も人生もうまくいく空白時間術』
(ジュリエット・ファント著/三輪美矢子訳/東洋経済新報社)
『ブレイン・ルール　健康な脳が最強の資産である』
(ジョン・メディナ博士著/野中香方子訳/東洋経済新報社)
『最高の自分を引き出す 脳が喜ぶ仕事術』
(キャロライン・ウェッブ著/月沢李歌子訳/草思社)
『時間は存在しない』(カルロ・ロヴェッリ著/冨永星訳/NHK出版)
『大事なことに集中する——気が散るものだらけの世界で生産性を最大化する科学的方法』
(カル・ニューポート著/門田美鈴訳/ダイヤモンド社)
『YOUR TIME ユア・タイム:4063の科学データで導き出した、あなたの人生を変える最後の時間術』(鈴木祐/河出書房新社)
『限りある時間の使い方』(オリバー・バークマン著/高橋璃子訳/かんき出版)
『限られた時間を超える方法』(リサ・ブローデリック著/尼丁千津子訳/かんき出版)
『24時間すべてを自分のために使う　タイムマネジメント大全』(池田貴将/大和書房)
『時間術大全——人生が本当に変わる「87の時間ワザ」』
(ジェイク・ナップ著/ジョン・ゼラツキー著/櫻井祐子訳/ダイヤモンド社)
『AI分析でわかった トップ5%社員の時間術』
(越川慎司/ディスカヴァー・トゥエンティワン)
『自分の時間——1日24時間でどう生きるか』
(アーノルド・ベネット著/渡部昇一訳・解説/三笠書房)
『いつも「時間がない」あなたに:欠乏の行動経済学』
(センディル・ムッライナタン他著/大田直子訳/早川書房)

参考サイト

『マコなり社長』(https://www.youtube.com/@makonari_shacho)

星渉 ほし・わたる

麗澤大学経営学部客員教授
田中学園立命館慶祥小学校シニアアドバイザー
作家/ビジネスコンサルタント　株式会社Rising Star代表取締役
著書累計8冊48万部
『「心が強い人」の人生は思い通り 神メンタル』(KADOKAWA)15万部、『「伝え方しだい」で人生は思い通り 神トーーク』(KADOKAWA)が10万部突破するなど、2作連続10万部を突破。『神モチベーション「やる気」しだいで人生は思い通り』(SBクリエイティブ)は、2022年ビジネス書ベストランキング(普遊舎)でトップ10に選ばれる。書籍は、TBS「王様のブランチ」、ニッポン放送、Tokyo FM、J-WAVE、ダ・ヴィンチ、anan、日経ウーマンなど各種メディアで話題になり、今、最もビジネス書が売れる作家の1人でもある。

2011年3月11日の東日本大震災の際、岩手県で被災。自身も命の危機に瀕し、「本当に、人はいつ死ぬのかわからない」と衝撃を受け、「自分の人生の時間は、自分がやりたいと思うこと以外には費やさない」と決意し退職、独立。独立後、個人の起業家を対象に、科学的メンタル思考をベースとしたビジネス構築理論を確立。講演会、勉強会には2.5万人以上が参加し、手がけたビジネスプロデュース事例、育成した起業家、経営者は623名にものぼる。

著者本人が「神時間力」について毎日放送中!!
Voicy「星渉のジブン進化論」

時間を使いこなせば人生は思い通り
神時間力

2023年7月6日第1刷発行
2023年8月4日第3刷発行

著　者　星 渉

発行者　大山邦興

発行所　株式会社飛鳥新社
〒101-0003
東京都千代田区一ツ橋2-4-3光文恒産ビル
電話(営業)03-3263-7770(編集)03-3263-7773
https://www.asukashinsha.co.jp

装丁・本文デザイン　菊池祐

印刷・製本 中央精版印刷株式会社

ISBN978-4-86410-959-8

編集担当　江波戸裕子